LETÍCIA VIDICA

Mulheres solteiras não são de Marte!

São Paulo
2011

UNIVERSO DOS LIVROS

Diretor-Editorial
Luis Matos

Assistente-Editorial
Noele Rossi
Talita Gnidarchichi

Preparação
Jeferson Ferreira

Revisão
Fernanda Fonseca

Arte
Stephanie Lin

Capa
Zuleika Iamashita

V653p Vidica, Letícia.

Mulheres solteiras não são de Marte! / Letícia Vidica. – São Paulo : Universo dos Livros, 2011.
288 p.

ISBN 978-85-7930-245-9

1. Auto-ajuda. 2. Relacionamentos. I. Título.

CDD 155.633

Universo dos Livros Editora Ltda.
Rua Haddock Lobo, 347 – 12º andar • Cerqueira César
CEP 01414-001 • São Paulo/SP
Telefone: (11) 3217-2603 • Fax: (11) 3217-2616
www.universodoslivros.com.br
e-mail: editor@universodoslivros.com.br
Siga-nos no Twitter: @univdoslivros

Agradecimentos

Agradeço a todos os homens que passaram pela minha vida. Eles me fizeram sofrer, chorar, mas – inconscientemente – me tornaram uma mulher muito melhor; com suas ausências, inspiraram-me a escrever essas belas histórias, que contribuíram para meu crescimento.

Agradeço a todas as mulheres que sofrem, choram, amam, engordam, mas que, acima de tudo, não têm medo de serem mulheres de verdade.

Agradeço às minhas amigas pelos conselhos que me pediram, me deram e por me inspirarem.

Agradeço à minha família, por toda força que sempre me deu e por me fazer acreditar que meu sonho era possível.

Agradeço a Deus por esse dom divino e por poder compartilhá-lo com o mundo.

Porque nem!
Toda feiticeira é corcunda
Nem!
Toda brasileira é bunda
Meu peito não é de silicone
Sou mais macho
Que muito homem
...
Sou rainha do meu tanque
*Sou Pagu indignada no palanque**

---

* Trecho da música "Pagu" de Rita Lee e Zélia Duncan.

Prefácio

Diana é Maria, Joana, Patrícia. Diana é Renata, Mariana e Letícia. Diana é um pouquinho de cada uma de nós, mulheres. Ela tem um pedacinho de mim, e tenho certeza de que terá de você. Inspirando-me nas minhas histórias, num bate-papo com amigas, num desabafo aqui, numa orelhada ali, criei Diana.

Prestes a completar 30 anos, essa publicitária e suas inseparáveis amigas, Betina e Lili, abrem suas vidas nas páginas seguintes. Elas farão você rir, emocionar-se e se encontrar em muitas histórias que irão desvendar um pouco mais do universo feminino, com suas angústias, lamentações e dúvidas na busca incansável pelo príncipe encantado.

Baseado no blog *Papo de Calcinha*, este livro reúne uma coletânea das melhores histórias postadas no site, e algumas outras inéditas para você!

Boa leitura!

Sumário

Por que amamos os canalhas?

Foi o que me perguntei num domingo chuvoso, assistindo a uma dessas comédias diabéticas, bem românticas, em um canal qualquer da TV a cabo. Alguma cena daquele filme da década de 1980 me fez parar e procurar uma resposta à pergunta que não quer calar: "Por que sempre me apaixono por canalhas?", "Por que nós (mulheres) amamos os canalhas?"

Talvez seja instinto feminino que se aflora em nosso DNA. Um instinto reprimido, que nossas famílias tentam esconder, mas é mais forte do que todas nós. Adoramos os canalhas. O engraçado é que, desde pequena, mamãe me ensinou que eu deveria ser virgem até o casamento, encontrar um rapaz de boa família, educado, trabalhador e que tivesse um bom emprego. Deveríamos nos olhar, tomar sorvete na praça, tirar a mão abusada dele da minha perna, ir ao cinema, namorar, noivar, casar, ter três filhos e formar uma família feliz.

Que bom seria se essa fosse a lógica natural das coisas, e se esse homem – que ainda não foi criado – surgisse em minha vida. Mesmo assim, sempre estive numa busca incansável por ele e por essa vida regrada... Mentira! Não posso mentir. Sei o que é certo, mas sempre me apaixono pelo canalha.

Confesso que tenho uma queda por aquele que promete que vai me ligar, e não liga, o mais desejado por todas as mulheres do bar, aquele que tem fama de "galinhão", que sai comigo quando tem vontade, que diz que me ama durante inesquecíveis quinze minutos e se esquece logo depois. Também gosto daquele que promete conhecer minha família e assumir compromissos sob juras de fidelidade e, de repente, sofre de amnésia. Por aquele que age por impulso, que me joga na parede e me chama de lagartixa. Por aquele que guarda o meu telefone numa agenda e me escolhe num dia qualquer, que entra na minha vida como *The Flash* e some como o Gasparzinho.

Devo ser doente! Por que será que só o errado me atrai? Acho que vou procurar um médico, um terapeuta, um psicólogo, um psiquiatra... Não é possível, devo ter algum problema. Não, não tenho problema, pois descobri um dia desses que não sou a única.

Sentada num boteco qualquer, com as minhas amigas Lili, Betina e Paloma, conversávamos sobre nossos frustrados relacionamentos amorosos.

A Paloma, já com seus 35 anos, casou-se com o primeiro namorado – aos 20. O casamento foi lindo nos primeiros sete anos; depois caiu em decadência total. A gota d'água foi quando ela descobriu que o canalha do ex-marido a traía com a vizinha do 25º andar... E já fazia cinco anos! O típico canalha fiel – é fiel à oficial, e à amante. Não falha com nenhuma e administra muito bem dois pares seios.

A Betina, sempre revoltada com os homens e feminista ao extremo, também não fica fora da turma das "Maria-Canalha". Seus relacionamentos sempre foram rápidos. Sempre admirei a forma como ela tratava os homens. Como objetos – como deve ser. Mas, ledo engano: a Betina sempre fez isso por medo de se envolver e, mesmo assim, sempre dormiu com os mais canalhas da face da Terra e se apaixonou por todos eles.

A Lili acabara de sofrer uma desilusão amorosa. Encontrou o homem perfeito, nos corredores da universidade. Caiu na lábia dele, numa fração de segundos. O homem perfeito, porém, era casado, pai de três filhos, e incapaz de largar a mulher. Não deu outra: o jeito foi a Lili cair fora do matrimônio.

Um pouco regadas a chope e frango a passarinho, minhas amigas e eu travamos um debate, ali mesmo, na mesa do bar, e chegamos a uma conclusão: toda mulher tem uma queda por canalhas. Não adianta me bater, nem mudar de história, cara leitora, assuma! Você, assim como eu, em algum momento da sua vida, dedicou-se inteiramente a um cara que não merecia nem uma fração de segundo do seu tempo, um cara que não valia a pena, que não a merecia, que todas as suas amigas odiavam, dando-lhe alertas a respeito do sujeito, e alertas aos quais você só deu bola depois que ele a abandonou, não foi? Porém, mesmo errado, mesmo sofrendo, você o adorou e, até hoje, sente saudades dos bons momentos?

Bem vinda ao MAPC (Mulheres Apaixonadas Por Canalhas). Somos livres, independentes, donas do nosso próprio nariz, dominamos o mundo, entramos cada vez mais no universo masculino. Livramos-nos de muitos preconceitos, dos sutiãs, da autoridade machista. Ganhamos o direito à pílula anticoncepcional, ao voto, ao trabalho...

Mas ainda não conseguimos nos livrar dos canalhas, figurinhas típicas desde os tempos de Cabral (aliás, Cabral também devia ser um canalha).

Não se desespere, minha amiga! Somos todas assim e vamos, juntas, vencer mais este desafio. Por enquanto, deixo aqui algumas dicas para que você identifique com mais facilidade os canalhas de plantão, caindo – com menos frequência – em suas garras.

Cuidado com o *Canalha Ursinho Puff*, o típico canalha carinhoso. Ele aparece nos momentos em que você está mais carente. Primeiro, finge ser apenas seu amigo, dá conselhos, diz tudo o que você quer ouvir e, sem que você perceba, ele já entrou na sua vida, e você já está envolvida em todo o seu mel. Como bom canalha, porém, na hora em que você já está pedindo colo, mamadeira e historinhas para dormir, ele desaparece e, puff! Você cai do cavalo.

Tem o *Canalha Sincero*, tão sincero que vai logo dizendo que não quer compromisso sério, que tem outros relacionamentos, que não vai abandonar os amigos, que não se apega a ninguém, que não saiu porque não estava afim, e que cansou de você. Mas você gama em tanta sinceridade.

O *Canalha Fantasma* é típico também. É aquele que aparece quando quer, quando dá na telha e quando você menos espera. Sua primeira aparição assusta, mas, depois, você passa a rezar todas as noites para ele aparecer novamente.

O *Canalha Big Brother* é aquele metido a gostosão, que todas as garotas querem. Ele vive exaltando suas características físicas, transa com você olhando no espelho, a beija como se beijasse a si próprio. Tem várias amiguinhas e, só porque apareceu num comercial de creme dental, acha que você é obrigada a conviver com o estrelismo dele. Você, porém, faz, ou faria, de tudo para ficar ao menos um dia ao lado do "global".

Poderia escrever umas quinhentas páginas só para falar sobre cada tipo de canalha, e suas ramificações. Deve existir um canalha *mor*, um tipo de profeta dos canalhas, que passa os ensinamentos aos canalhas bebês, e assim segue o círculo vicioso. Pois é incrível como as minhas reclamações sobre os canalhas da minha vida são as mesmas da minha sobrinha de 15 anos, sobre seu canalha júnior!

Se alguém tiver o endereço da Universidade Mundial de Canalhas, me passa, que eu faço questão de jogar uma bomba no pátio, bem na hora de uma conferência sobre como enganar as mulheres. Ou se alguém tiver um remédio, uma solução, uma terapia, um antídoto contra canalhas, passa lá em casa, me liga, manda um *e-mail*, deixa um *scrap* no Orkut, fale comigo no MSN, manda um torpedo...

Os homens da minha vida

Está decidido. Eu simplesmente não nasci para me entender com os homens! Vou abolir todos os nomes masculinos da minha agenda, ignorar o olhar e os sinais de simpatia para com essa espécie, não vou mais usar nomes, substantivos, adjetivos, pronomes e tudo de ordem gramatical que remeta ao masculino. Chega! Cansei de me dar mal com esses tipos!

Ufa, desculpa, cara leitora! Não se preocupe, não estou de TPM. Estou revoltada mesmo. Pra caramba! Revoltada! Com vontade de explodir um carro bomba na frente do Estádio do Pacaembu durante um jogo do Timão!

O motivo da minha revolta é... nossa... que falha... Você ainda não sabe quem sou eu, não é? OK, vamos "rebobinar" (alguém ainda faz isso?!) algumas linhas.

Me chamo Diana, tenho 29 anos, sou publicitária de profissão, e solteira por opção; nas últimas quinze linhas, essa opção era dos homens, a partir das próximas, a decisão é minha! Por que não quero os homens? Vou te contar, cara amiga!

Demorei dois anos para encontrar o cara dos meus sonhos. Àquela altura, nem mais durante o sono ele aparecia. Santo Antônio, Santo Expedito, amarração para o amor, tarô, banho de perfumes, calcinha vermelha, perfume importado, sorriso nos lábios, papo cabeça... Nada mais adiantava, eu estava encalhada! Resolvi sossegar e desistir de achar alguém legal. Só que esse alguém legal apareceu, justo no dia em que eu decidi que não queria mais alguém legal na minha vida.

Eu estava voltando do trabalho, depois de um reunião "daquelas" com a toupeira do meu chefe. Estava possessa. Só queria chegar em casa, tomar um banho, me jogar no sofá, agarrar uma barra de chocolates e ficar hipnotizada pela TV até adormecer.

De repente, ao som de "Vá com Deus!", da Roberta Miranda, eu parei no semáforo (por que os sinais cismam em fechar justamente quando você quer eles fiquem verdes?).

Continuei a minha *performance* de Roberta Miranda. Numa das minhas viradas de pescoço, me deparei com... ELE! O homem dos meus sonhos assistia de camarote a minha *performance*. Que vergonha!

Olhei encabulada, e ele sorriu. O farol abriu e eu não vi, mas o idiota do carro de trás, sim, e acelerou a 120 km/h, ou seja, bateu na minha bunda, ou melhor, na minha traseira. Fiquei cuspindo fogo! Era só o que faltava para acabar com o meu péssimo dia. Achei que fosse mera ilusão a miragem daquele anjo no carro vermelho.

Desci do carro, e o idiota também. Iniciamos um bate-boca, regado a muitos elogios, sabe? De repente... ele se aproximou. Era o anjo. Chegou e perguntou se eu estava bem – como eu não poderia estar depois daquele sorriso. Conversou com o idiota, e disse que me conhecia, anotou o telefone dele, entregou o cartão de seu advogado e prometeu que ligaríamos no dia seguinte, dizendo que tudo ia se esclarecer. Pedi pra todos me apertarem. Só podia ser sonho!

– Prazer, Marcos Vinicius!

– Oi... Eu nem sei como agradecer... Você salvou o meu dia!

Ao som de MPB, dois copos de cerveja e alguns petiscos, contei pra ele os motivos de o meu dia ter sido uma merda, e conheci a ficha técnica do gato: Marcus Vinicius, advogado, 30 anos, carioca, moreno, dois metros de altura, lindos olhos azuis, mora sozinho e, o melhor: solteiríssimo!

Marcamos de nos encontrar novamente, e nos vimos muitas vezes depois: no bar, na praia, no cinema, no meu apê, no apê dele, na rua... Em qualquer lugar eu iria, se fosse pra vê-lo. A gente se dava muito bem. Tínhamos as mesmas ideias, os mesmos assuntos, gostávamos das mesmas músicas, das mesmas comidas, dos mesmos filmes, dos mesmos livros, das mesmas cores, dos mesmos sons, dos mesmos gostos. Não havia dúvida: éramos feitos um para o outro.

Já dizia, porém, minha sábia mãe: "Quando a esmola é demais, o santo desconfia". É, mas eu não desconfiei. Depois de uns três meses no paraíso, tempos de muita alegria e prazer, o que era doce se acabou. O Marcus simplesmente reduziu suas cinco ligações diárias para um mísero "Oi.", uma vez por semana. Passou a inventar mil e uma desculpas, das possíveis às inimagináveis para a gente não se ver; começou a ficar doente e a trabalhar muito, toda vez que eu lhe convidava para jantar; até sua pobre vózinha morreu de câncer nesse período! Ele saiu da minha vida assim como, do nada, nela entrou; sem me dar explicação. E eu fiquei com cara de boba!

Entende, agora, por que eu odeio os homens?! Poxa, eu não pedi para ele aparecer na minha vida, e ele apareceu. Eu não pedi pra ele ser perfeito, e ele era. Eu não queria me envolver, mas ele me envolveu. Eu não queria ser feliz, mas eu fui estupidamente feliz. Fui amiga, legal, amante, companheira, safada, compreensiva, alegre, triste, irmã, mãe, tia, avó... Fui tudo o que ele queria que eu fosse, e que eu achei que deveria ser.

Nada parece ter adiantado. O que eu fiz de errado? O que eu disse de errado? Ai, como eu queria que alguém tivesse as respostas para todas as minhas dúvidas... Ai, como eu queria.

Como eu não tinha essas respostas, resolvi, simplesmente, fazer um *feedback* na minha vida para tentar entender por que nunca me dei tão bem com homens. A começar pelo Pipoca. Meu primeiro beijo. Passei dois longos anos mantendo por ele uma paixão platônica. Um belo dia, ele me enxergou e também me beijou. Como uma adolescente boba, eu me apaixonei perdidamente, mas eu devia beijar tão mal que o Pipoca me odiou perdidamente e nunca mais quis saber de mim.

Depois, foi o Bruno. Meu primeiro namorado. Ficamos três anos juntos. Nos amávamos, fazíamos juras de amor, escolhíamos os nomes dos nossos filhos, imaginávamos e bolávamos cada detalhe do nosso casamento... que não se concluiu, pois o Bruno preferiu ficar com uma cachorra lá da cidade onde morava a avó dele. Ele, simplesmente, me traiu, e confessou: disse que havia enjoado e partiu. Prometendo ser meu amigo, e me desejando votos de felicidade.

Depois do Bruno, passei pela minha primeira fase de rebeldia. Entrei numa pequena depressão e, em pouco tempo, liberei a franga. Fiquei com vários caras, beijei, amassei, peguei; fiz de tudo, como manda o figurino. Jurei que não mais me apegaria a ninguém, mas me apeguei.

Apeguei-me ao Cláudio, um cara que conheci na academia. Na época, já com uns 21 anos, mantive um rolo constante com ele durante uns seis meses. Ele, seis anos mais velho, parecia ser um cara sério, compenetrado, adulto, decente, mas me esqueci que ele também fazia parte dessa racinha a qual pertencem os homens.

O Cláudio teve uma recaída pela ex-namorada de seis anos (sei que é desleal competir com uma namorada de seis anos, em comparação com nossos seis meses). Os dois se reencontraram, conversaram e voltaram. Eu só fiquei sabendo no dia em que ele levou a bonita pra malhar na academia e, aos beijos, apenas me olhou de lado, e me cumprimentou formalmente. Cachorro!

Depois do Cláudio, vieram outros. Com tantas decepções, porém, aprendi a não me apegar a eles. Saía, beijava, transava, passeava, mas os tratava como deveriam ser tratados – como homens.

Prometia que ia ligar e não ligava, fazia juras de amor e as esquecia assim que eles me deixavam em casa, trocava um jantarzinho romântico por uma animada conversa com uma amiga num bar, adoentava meus parentes para não me encontrar com ele e mantinha relacionamentos paralelos.

Aprendi a ser homem na pele de uma mulher. Só que me esqueci de tudo quando conheci o Marcus Vinícius. Agora, estou aqui, depressiva e revoltada com a vida. Mas, já está decidido: nenhum homem que entrou na minha vida, até hoje, foi capaz de me fazer feliz e de terminar sua história comigo.

Depois de muito pensar, descobri que o problema não estava comigo, e sim com eles. Um problema talvez genético, hereditário ou divino. Contudo, não vou perder o meu precioso tempo, tentando adivinhar.

Simplesmente vou abolir todos os homens que passaram, passam e vão passar pela minha vida, a começar pelo porteiro, o padeiro, o chefe, o entregador de pizzas, o ginecologista, o besta do *boy*, o idiota do trabalho, o meu irmão, o policial, o advogado e até você, se for homem!

Mulheres solteiras não são de Marte!

– E aí, cadê o namorado?
– Eu não tenho namorado.
– Não?! Como não? Uma moça tão bonita...

Nem vou terminar este diálogo, porque simplesmente esse é o tipo de conversa que eu odeio! Particularmente, detesto. Odeio a conversa e mais ainda a resposta que preciso dar. Qual o problema de NÃO ter namorado?

Às vezes me sinto como se fosse de outro planeta. Marte, talvez! Porque eu acho que só as mulheres de Marte não têm namorado e têm o livre arbítrio de estarem solteiras por vontade própria.

Bem, amiga, acontece o seguinte. Eu não aguento mais ouvir variações da pergunta MALDITA: "Cadê o seu namorado?", "O namorado não veio?", "Como vai o namoro? ", e outros *blá-blá-blás* que envolvem esse ser que NÃO faz parte da minha vida.

Me revoltei! O início de minha rebeldia foi em mais um desses almoços de família, na casa da minha avó.

Família reunida, criançada correndo, tias fofocando, homens gordos sentados na sala assistindo ao jogo do Timão, minhas primas com seus namorados, noivos, maridos, filhos, conversando sobre a última viagem de férias, a lua de mel, as travessuras das crianças, e eu, ali, perdida no meio de tudo.

Sempre fui considerada a ovelha negra da família – publicitária, viajada e solteira (que absurdo!) –, e as pessoas nem ligavam muito para o que eu sentia.

Logo após o almoço, quando a mulherada se reúne na cozinha para fofocar, a tia Dora resolveu dar a largada para investigar a minha vida:

– Suzete, você não acha que tá na hora da Nana arrumar um namorado?

– Eu acho... Não vejo a hora de ter netinhos – suspirava minha mãe.

– Ah, eu acho que a Nana tem namorado, e não quer falar pra gente.

– Quando vai trazer o bonitão pra conhecer a família?

Blá-blá-blá...

Foram uns quinze minutos de filosofia sobre o meu possível namorado, e sobre a causa de eu estar solteira. Aguentei firme durante todo esse tempo sem dizer nada, mas certa hora me encheu.

– Por que vocês não vão cuidar da vida de vocês, hein? Se eu estou solteira, o problema é meu. Qual o problema de não ter um namorado? É alguma doença contagiosa, e eu não sabia? Toda vez é a mesma coisa... Cadê namorado, namorado... Quero mais é que os homens se explodam. Estou bem sozinha, e assim vou continuar...!

Acho que exagerei um pouco, porque, depois dessa explosão, ninguém falou mais nada. O silêncio prevaleceu. Eu não tinha mais clima para comer o pudim, peguei minhas coisas, inventei uma ligação de última hora, e fui embora.

Eu amo minha família, mas eu não aguento mais as cobranças de tia, avó, prima, vizinha, periquito, papagaio, cachorro!

Graças a Deus tenho amigas e, o melhor, todas solteiras! Descobri que elas também são de Marte, e ET com ET se entende melhor. Por isso, resolvemos nos encontrar no boteco da esquina e choramingar nossas pitangas marcianas.

– Putz, outro dia, fui comprar uma blusa para o meu irmão, e sabe qual a primeira coisa que o vendedor me perguntou? – disse a Lili, uma das minhas marcianas do coração – "Que tamanho seu namorado usa?! " Brochei geral... namorado! Será que eu não tenho direito de ir ao *shopping*, entrar numa loja masculina e comprar uma blusa para o meu irmão?

– Eu te entendo, amiga... Semana passada, fui ao casamento da minha prima e eu não fui chamada para ser madrinha porque não tinha namorado. Fiquei possessa! Eu e a July crescemos juntas, e só porque sou solteira não posso subir no altar? E o pior... fizeram uma tramoia para o buquê cair na minha mão... Além de minha mãe colocar meu nome debaixo do véu da noiva! – desabafou a Paty, outra amiguinha marciana.

– É difícil, mesmo! Outro dia um pivete do meu prédio virou para mim, no elevador, e perguntou: "Tia, que horas são? ". Tia?! Será que meus cremes não estão escondendo minhas rugas? – chorou Betina.

Ficamos a tarde toda choramingando sobre as pressões feitas pelos terráqueos em cima das pobres marcianas desprovidas de namorados! Foi muito boa a nossa conversa, pois chegamos à conclusão de que homem faz falta, sim! Mas também não morremos sem eles e, enquanto conseguirmos respirar sozinhas, não nos mudaremos de Marte.

A volta dos que não foram

Quem, quando pré-adolescente, não brincou de inventar nomes impossíveis para filmes? Do tipo, *Os cantos da sala redonda, Fogo em alto mar, As visões de um cego, O discurso de um mudo,* entre outros que eu tenho certeza de que você acabou de lembrar. Porém, pare de pensar um pouquinho e preste atenção no que eu vou dizer.

Quando virei uma mocinha, tive a certeza de que esses filmes jamais poderiam ser feitos, mas bem que seriam engraçados, não é? Errado! Isso porque um deles existe. Pode ser filmado, tem protagonista, diretor, contra-regra, e está ou esteve, presente na vida de toda mulher, pelo menos uma vez: *A volta dos que não foram.*

É o tipo de filme a que você assiste uma vez, e basta, mas a *Sessão da Tarde* insiste em reprisar, e você, que não tinha nada para fazer naquela tarde, acaba assistindo.

Esse filme, de que preciso falar com você, cara amiga, tem como personagem principal aquele cara que fez parte da sua vida um dia e que não precisava voltar, mas volta. Num encontro casual, numa trombada na rua, numa ligação inesperada, num encontro tão sonhado... Não importa! Ele volta!

Eu já assisti a esse filme algumas vezes em minha vida, e seria uma falta de respeito se não dividisse a experiência com você. Ou achou que eu ia ser a única a ver tudo de novo?

No *shopping*...

Era véspera de Natal, 24 de dezembro, seis da tarde. Já sabe o caos em que a cidade fica nessas datas comemorativas, né? Eu, como boa tia que sou, e organizada, acima de tudo, deixei para comprar os presentes para meus três lindos sobrinhos no dia 24. Sabe como é: falta de dinheiro, de tempo, *shopping* lotado, horas extras no trabalho... Tudo isso somado a um trilhão de preguiça, e resolvi comprar tudo no último dia.

O meu adorável chefe me fez entregar um projeto na véspera do Natal, e eu só consegui ser liberada, depois de muita discussão, pra variar, às cinco horas da tarde. Saí como uma louca até o *shopping*. Naquela altura do campeonato, ia comprar o que eu visse primeiro. Meus sobrinhos teriam de entender.

A minha maratona começou na Avenida Paulista, em São Paulo, onde moro – demorei meia hora para andar cinco quilômetros! O estacionamento estava lotado. Mais de vinte minutos para conseguir uma vaga. Entrei no *shopping* desesperada e buscando fôlego entre as pessoas, que se espremiam nos corredores. Descobri, então, que existiam outros mil como eu.

Até que avistei uma loja de brinquedos e entrei. Parecia que haviam aberto a porta do inferno. Pais, tios, avós, madrinhas e padrinhos atrasados disputavam a última boneca Barbie, a última bola, o último jogo da moda, o último tudo, porque não havia mais nada na loja.

Depois de muito sufoco, recolhi meus presentes e fui para a quilométrica fila do caixa. Já eram quase nove horas, e eu ainda estava no *shopping*; comecei a ficar irritada. De repente, o homem que estava na minha frente virou, e perguntou que horas eram. Eu respondi, mas ele permaneceu olhando fixamente nos meus olhos. Eu já ia dar uma resposta bem-educada, quando ele disse...

– Diana? É você?

– Sim, sou eu...Você me conhece?

– Como eu ia esquecer de uma pessoa tão bacana... Sou o Arnaldo, não lembra?

Arnaldo? Nossa, como tinha mudado. Estava barbudo, careca, barrigudo e irreconhecível. Cheio de brinquedos nas mãos. Ele foi uma das minhas paixões antigas. Foi um dos meus primeiros namoradinhos. Eu tinha uns dezesseis anos, na época, e ele, vinte. Namoramos quase dois anos, até que ele se mudou para Sorocaba, e nunca mais nos falamos. E, agora, o destino fazia que nos cruzássemos naquele *shopping* lotado, naquela loja lotada e naquela fila lotada. Sorri, então:

– Nossa, Arnaldo... Você está tão diferente, que eu quase não o reconheci!

– Mas você continua a mesma sincera como sempre! Eu realmente mudei, engordei um pouquinho, caíram uns cabelinhos, mas ainda sou o Arnaldo.

– E, então, o que faz por aqui?

Nem preciso dizer que ele desatou a falar sobre a vida dele, como se fôssemos amigos de longa data, que se encontram todos os dias. Foi até bom, porque assim a fila andou mais rapidamente. Ele me contou que se formou em Contabilidade, e que estava casado há cinco anos. Casado? Até o Arnaldo casou! Também disse que aqueles brinquedos eram para seus dois filhos: Talita e Felipe. Fez questão (lógico!) de me mostrar a foto deles. Ele falou tanto que eu, graças a Deus, não falei nada sobre a minha vida emocionante à caça de um marido. Ele pagou, e eu também.

– Adorei reencontrá-la. Pega meu telefone, e aparece lá em casa para conhecer meus filhos.

Lógico, eu ia aparecer! O Arnaldo estava tão diferente que nem parecia que a gente já tinha namorado um dia. Gostei de revê-lo. Ou melhor, acho que não gostei, não. A sensação de ver que as longas madeixas louras viraram reles fios de cabelo em sua careca brilhante, que sua barriga "tanquinho" havia dado lugar há um reservatório de feijoada, cerveja e docinhos da esposa, e que seu papo sobre curtir-a-vida-adoidado havia se transformado em contos de fada, que ele agora contava para seus filhos antes de dormir... Tudo isso só me fez lembrar que o tempo havia passado, e rápido, e que eu estava ficando velha... Pra titia, literalmente, cheia de pacotes, saindo de uma loja de brinquedos infantis. Como o destino é cruel, algumas vezes...

Na balada...

Sábado à noite sempre foi sagrado para mim e minhas amigas. É na noite que afogamos nossas mágoas, e elaboramos teses e mais teses sobre como os homens não prestam.

Num desses sábados, a gente estava louca pra extravasar. Sair por aí, parar numa boate, e dançar a noite toda, sem parar. Foi o que fizemos. Nos vestimos para matar, e fomos à festa.

Enfrentamos um pouco de fila para entrar. A balada era nova e super-recomendada por milhares de amigos. A gente *tinha* de conhecer, né? Assim que entramos, a Lili foi logo puxada por um moreno lindo, e se perdeu a noite inteira com ele e por tanto tempo que só deu sinal de vida no domingo, às duas horas da tarde.

Betina e eu caímos na pista. Dançamos tudo o que o DJ colocava. Certa hora, suada e com sede, resolvi buscar uma bebida no bar. Assim que cheguei no balcão, escutei alguém chamar por mim:

– Diana, minha princesa... Eu sabia que o destino ia nos unir novamente!

Olhei para o lado, e constatei que era o chato do Júlio. Um amigo da Betina. A gente havia ficado numa dessas noites que eu estava de porre, e ele tinha grudado na minha. Ligava todo dia, queria me ver todo dia; era um chato de galochas. Adorava usar frases feitas, cantadas velhas e se achava a última Coca-Cola do deserto. Porém, era um dos melhores amigos da Betina. Achei que havia me livrado dele, quando ela disse que ele iria morar na Flórida, mas...

– Júlio! Você não estava na Flórida?

– E você acha que eu aguentei de saudades suas?

– Não exagera, tá?

– Vai beber o quê? Pode pedir, que eu pago o que você quiser.

Estava pronta para dar um tapa na cara dele, quando a Betina, já bem louca de tequila, chegou gritando. Tudo o que eu menos queria aconteceu. Os dois amigos se encontraram. Preciso dizer que o chato do Júlio ficou a noite toda com a gente e, além do mais, estrategicamente do meu lado? Cheio de graças, me abraçando, querendo me beijar e eu sempre arrumando um jeito de desviá-lo da minha boca. A Betina, pra ajudar, ficava botando pilha. Eu bem que tentei fugir, mas ele me perseguia.

Ele ficou do meu lado a balada toda e ainda foi embora com a gente. E o pior ainda estava por vir. Eu estava dirigindo, tinha que levar a bêbada da Betina pra casa, e o chato do Júlio havia se perdido dos amigos; estava sem carona. Resultado: foi todo mundo junto pra minha casa. O Júlio inventou de passar na padaria, comprar uns pães e tomar o café da manhã com a gente. E ainda ele ficou o dia todo na minha casa e só foi embora de noite, depois de pegar todos os meus telefones.

Ele me ligou umas quatrocentas vezes, mas eu inventei mil desculpas. Até ele perceber que eu não estava afim, e que ele era um daqueles que poderia ter ido, e não voltado mais. Que ele não me ouça, ops, não me leia!

No telefonema (in)esperado...

Sabe aquelas épocas nas quais você acha que ninguém a quer, que ninguém a ama? Era por uma dessas que eu estava passando. Fazia quinze dias que eu não saía de casa. Era só casa-trabalho-trabalho-casa. Não tinha vontade de fazer nada. Minhas amigas bem que tentaram, mas depois de tantas negativas, elas desistiram, e entenderam minha depressão.

Numa sexta-feira chuvosa, eu havia acabado de chegar do trabalho. Tomei um banho, coloquei meu pijama de bolinhas, minha pantufa, fiz um miojo, deitei no sofá e comecei a assistir *Titanic* pela milésima vez. Por volta de meia-noite, meu telefone tocou. Não ia deixar de atender, pois só podia ser uma das minhas queridas amigas.

– Quem é?

– Pelo visto, atrapalhei seu sonho, né, princesa?

– Quem está falando?

– Não reconhece mais a minha voz? Vou dar só uma dica... Você se lembra daquele dia, naquele restaurante japonês que eu sei que você adora?

Não, não podia ser. O Du? O fofo do Du? Não, não era. Eu esperei horas, dias, meses pela ligação desse canalha e não podia ser ele, agora. Mas era.

– É, o Du.

– Oi, Eduardo! – tive de esconder a empolgação – Como vai?

– Estou ótimo, e você minha gata?

Adorava quando ele me chamava assim.

– Também estou ótima – confesso que a minha vontade era de xingá-lo e perguntar por que ele demorou tanto pra ligar, mas eu sabia que ele ia dar mil e uma desculpas. Resolvi não perder meu tempo.

O Du era um daqueles canalhas que a gente sabe que não presta, mas gosta. Eu o conheci quando fui fazer um curso de especialização. Ficamos juntos por uns três meses. Ele era (é) galinha, cantava qualquer rabo de saia, mas tinha a pegada, entende? Depois que acabou o curso, a gente se viu mais umas cinco vezes, e ele desapareceu, do nada. Mas eu sempre esperei uma ligação.

Naquela noite, ficamos conversando por umas duas horas no telefone. Ele disse que estava solteiro, que tinha pensado muito em mim naquele dia, e que resolveu saber se eu ainda gostava de comida japonesa. Preciso dizer que eu me arrumei em vinte minutos, que ele passou no meu prédio, me pegou, e a gente foi comer *sushi* às três horas da manhã?

Ficamos falando de nossas vidas. Ele estava trabalhando numa agência superbacana, e não se preocupou, em nenhum momento, em me dar satisfações. Mas eu nem me importei, seus olhos azuis me hipnotizavam.

No fim das contas, fui parar no apê dele, e só saí de lá depois do café da manhã. Foi uma noite maravilhosa. Ele prometeu me ligar, e dessa vez fingi acreditar, porque eu sabia que ele não ia ligar, e não ligou. Pra mim, porém, já valeu a pena o telefonema.

Confesso que, até hoje, quando chove nas noites de sexta-feira, faço um plantãozinho básico ao lado do telefone... No entanto, ele não tocou de novo.

A *outra* da história

Nós, mulheres, somos bichos estranhos, realmente. Dependendo da lua, variamos de humor, e de opinião também. Quando namorava com o Beto, há muito tempo (faz muito tempo mesmo que eu namoro), abominava traição.

Morria de ódio quando ele vinha me contar as histórias dos seus amigos garanhões que traíam as namoradas. Ficava ainda mais irada com as desculpinhas que usavam para trair – sempre as mesmas, tiradas do *Manual da Traição*: "Nosso relacionamento não está legal", "Ela já não é atenciosa", "Estou confuso". Todas regadas a muito drama e nenhuma vergonha na cara.

Sempre fui do tipo de mulher que acha que, se o namoro não está legal, é melhor terminar. Fácil também é dizer, quando não se vive. Cá estava eu, estática na praça de alimentação de um *shopping*, com um sorvete na mão e boquiaberta com a declaração da Betina:

– Di, aquele não é o Carlos?! Ao lado daquela mulher maravilhosa e daquele garotinho fofo?!

Rebobinando a história: eu conheci o Carlos num *workshop* promovido pela agência em que eu trabalho. Um cara muito culto, descolado, inteligente, lindo e maravilhoso. Nem preciso falar que me derreti toda. A gente, obviamente, se envolveu e bastante. Toda semana a gente se via, e eu ficava cada vez mais ligadona nele. Cheguei a pensar, até, que ele era o homem da minha vida. Mas, naquele instante, senti que o dito homem estava era saindo da minha vida.

Pude constatar, com meus próprios olhos, naquele *shopping*, que o príncipe encantado já tinha uma rainha e um principezinho, lindinho por sinal.

– Não acredito que esse cachorro é casado!

– Você nunca percebeu nada, Di?

– Como eu ia perceber?! O cara me liga todo dia, vai lá em casa, e você quer que eu ache que ele ia ter tempo para uma família?

– Mas, pelo visto, tem... Se eu fosse você, ia lá agora e cumprimentava ele. Quero ver a cara com que ele vai ficar – a Betina era do tipo barraqueira mesmo, e já queria ver o circo pegar fogo. Eu preferia apagar a fogueira.

– Deixa o Carlos com a familiazinha dele!

Fui para casa irada aquele dia. Como eu pude ser enganada? Ele não tinha o direito de fazer isso; e nem eu o de destruir uma família feliz. Eu podia ser responsável pelo futuro daquele garotinho. Se os seus pais se separassem por minha causa, ele poderia crescer revoltado! Espera um pouquinho: eu não tinha que me sentir assim, afinal o cachorro da história era o Carlos, e não eu! Resolvi que ia sumir da vida dele, mas ele não quis sumir da minha.

Andava me ligando, mas eu nunca atendia. Deixava recados na caixa postal, na secretária eletrônica, mandava *e-mails*... E eu me mantive firme, não quis saber dele.

Insistente como sempre, um dia desses estava saindo da agência, quando vi que alguém me esperava do outro lado da rua – era o Carlos!

– Diana, o que houve? Por que você não me atende mais?

Como era cínico.

– Não quero atrapalhar sua vida.

– Como assim? O nosso lance está tão bacana, como você vai atrapalhar?

– Eu não quero ficar entre você e sua esposa.

Naquele momento, ele se calou e ficou me olhando com cara de espanto.

– Não precisa dizer nada, não, Carlos. Eu vi a família feliz andando no *shopping*. Se você não é homem o suficiente para me contar, eu sou mulher o bastante para sair da sua vida. Adeus!

Ele me pegou pelos braços e pediu para se explicar. Eu não deveria escutar nem uma vírgula dele, mas fui até o bar do outro lado da rua, aceitei uma cerveja, e dispus os meus ouvidos a escutarem suas desculpas.

Ele disse que era casado há nove anos, mas que, nos últimos tempos, o relacionamento não estava legal, ele não era mais feliz, até eu aparecer na vida dele. Disse que sabia que não era certo esconder de mim, mas que ia me contar logo mais. Perguntei por que ele não se separava, então. Disse que Lucas, o filho, tinha alguns probleminhas, e ele não poderia deixá-lo na mão. Mas, prometeu que ia dar uma solução rápida ao caso, me pediu para ser paciente, e eu...

Fui paciente por mais cinco meses. Eu só podia ser uma idiota mesmo, né? Eu, que sempre abominei traições, agora era a responsável por uma delas. Estava sendo a *outra* da história.

Suportei a ausência dele aos sábados e domingos, a presença dele na minha casa por apenas duas ou três vezes na semana, me submeti a ser discreta... Tudo acreditando na separação... que só rolou com a gente.

Certo dia, eu estava toda produzida com a casa toda arrumadinha esperando por ele: jantarzinho, velas na mesa, vinho, uma música no som, lingerie nova... Mas fui surpreendida com um telefonema:

– Carlos? Oi, amor. Estou lhe esperando.

– É, eu sei... Mas não vou poder ir.

– Como assim não vai poder vir? Eu fiz tudo de que você mais gosta, até cozinhar eu cozinhei! Abri o meu melhor vinho, e você vai me deixar aqui, plantada?

– Tente entender, florzinha. O Lucas não passou bem esta noite, e eu e Laura, minha esposa, resolvemos que a melhor solução é levá-lo para se tratar no exterior. Parto amanhã para o Canadá.

– Como assim?! Você fala como se estivesse indo para o outro lado da esquina? E a separação?

– Desculpe, minha flor. Eu não queria te magoar.

Naquela noite, só mesmo minha amiga de guerra para me consolar. Passei a noite toda chorando no colo da Betina. Não sei por qual motivo eu chorava mais: raiva dele ou de mim, que, mais uma vez, achou que poderia viver um conto de fadas.

Nunca mais falei com o Carlos e nunca mais também quis ser a outra da história. Decidi que, se eu não for *a história*, do outro lado eu também não quero ficar.

Tamanho não é documento, mas a idade...

– Nossa, como você está metida, Betina... Outro dia, te vi correndo com seu sobrinho gatinho, lá no parque, e você nem me olhou, hein? Vai ser tia dedicada assim...

– Não era meu sobrinho, Lili! É o Pedro, o meu novo gatinho...

– O quê?! Aquele menino pingando leite é seu novo caso? Toma vergonha na cara, né?

– Qual o problema?

É, qual o problema?! Esse foi o tema daquela tarde de domingo, regada a pipoca e Faustão (no mudo, confesso), na casa da Betina. Ela havia arrumado um novo casinho. Tudo bem para uma pessoa que está solteira há quase um ano. Agora, porém, ela havia resolvido soltar a franga. Tudo bem também, se não fosse para cima de um pintinho.

A Betina havia conhecido o Pedro na biblioteca da faculdade. Detalhe: ela está fazendo MBA, e ele está no primeiro semestre do primeiro ano de Administração. A Betina já beira os 40 anos, e o Pedrinho, 18.

– Ai, gente, qual o problema com a idade do Pedrinho?! Eu não ligo. Ele é uma gracinha e bem melhor que esses velhos gagás que já arrumei. Tem mais saúde, é mais disposto, mais alegre; sem contar que eu acho o máximo passear com ele no corredor da faculdade, e ver aqueles menininhas babarem por ele...

– Isso é ridículo, Bê. As meninas devem pensar: "O que uma tiazinha está fazendo com um menininho...dando de mamar? ".

– Ih, Lili... Não tô te entendendo! Você dá para qualquer um e, agora, vem bancando a dona da moral para cima de mim?

Nem preciso dizer que as duas passaram a tarde toda trocando faíscas sobre o bebezinho da Betina. Resolvi nem me meter. Afinal de contas, concordo com ela: pra quem está solteira, qualquer sorriso é lucro. Se bem que eu não sei se encararia um *baby* ao meu lado.

Eu sempre procurei um cara mais maduro, responsável, dono do próprio negócio, dono de si e que me desse total segurança. Mas só arranjei, até hoje, moleques perdidos, vagabundos, irresponsáveis e que me deixaram à beira de um ataque de nervos.

Sem contar que os caras mais velhos com os quais me envolvi, em sua maioria, já eram comprometidos. Acho esse lance de idade muito complicado, sabe? Nessa parte, tenho de admitir: os homens são bem menos grilados. Sendo mulher, está valendo.

Eu já estava sem dar uns beijinhos fazia umas semanas, sem dar um amasso, há alguns meses, e sem ouvir uma palavra carinhosa, há quase um ano. Estava começando a me achar a pessoa mais sem graça e mal-amada do mundo. E, quando me sinto assim, corro pra uma livraria, compro um desses livros espíritas ou de autoajuda (é segredo hein?) para buscar respostas. E aquele era mais um dia de livraria.

Andando pelos corredores, dei de cara com um livro que me chamou a atenção *Como entender as mulheres – Um livro feito para mulheres.* Comecei a folheá-lo, até que percebi uma sombra atrás de mim, e uma voz:

– Nossa, mas você é tão complicada assim?

Quando me virei, me deparei com um sorriso encantador, um charme irresistível e um perfume dos deuses. Um homem muito bem-vestido e uma voz linda estavam me olhando:

– Desculpe a brincadeira... É que eu ia pegar esse livro e você se adiantou.

– Ah, você também quer entender as mulheres?! – ironizei.

– Preciso. Sou terapeuta. Prazer, Alberto! – ele me estendeu a mão, entregando um cartão para quando eu precisasse de terapia. O mais incrível é que, no dia seguinte, eu precisei.

Telefonei pra ele e marquei uma consulta. Nem sei bem o que disse, mas a terapia fez muito bem pro meu ego. Tão bem que me consultei mais umas três vezes, até aceitar um café. Ele era divorciado, pai de dois filhos, e bem mais velho que eu. Se não fossem seus charmosos cabelos brancos, ninguém diria que tinha 50 anos.

O Alberto era uma companhia muito agradável. Relutei um pouco pela idade, no começo. Poxa, o cara poderia ser meu pai! Mas ele era tão cavalheiro (coisa difícil de encontrar hoje em dia) que eu me derreti toda. Até jantar com ele e os filhos eu fui. Pagando de madrasta, acredita?!

– Você saindo com um tiozinho, Diana?

– Ah, gente, ele não é tão tiozinho assim, só tem uns vinte anos a mais que eu. O que são vinte anos?

– Tempo suficiente para ele ter uma filha da sua idade...

– E ele tem... É a Adriana, um amor de pessoa, sabia, Lili?!

– Num creio!

– Viu só? Vocês ficam me criticando por causa do Pedro, e agora ela vem com um tiozinho, viu só? A idade não tem nada a ver...

– Não tem mesmo... Aquele ali se abraçando, naquele carro, não é o Pedro?

Preciso dizer que o Pedro trocou a Betina por uma dessas garotinhas com jeito de Barbie Girl, e com a metade da idade dela?!

Talvez, a idade tenha realmente alguma importância. Pelo menos, para uma das partes. No meu caso, acho que pesou mais pra mim. Eu ainda tenho muito a conquistar e a fazer. O Alberto já conquistou tudo, até a aposentadoria, e eu ainda não estou em idade de bingo. Vai entender as mulheres, né?

Dona do meu próprio nariz... e das minhas dívidas também

Acho que já comentei que sou publicitária – dedicada, estressada, frustrada por não trabalhar numa grande agência. Um local renomado, com grandes contas, prêmios, muitas festas, pessoas com pensamentos interessantes, homens grandes... Vamos parar de delirar! A única coisa que bateu na minha porta foi uma agência de publicidade pequena; pequena, não, média podemos dizer.

Trabalho na "Matuta Produções e Criações" há cinco anos. Cinco anos me dedicando, dia e noite, a aguentar as reclamações e amolações do meu chefe, a chatice dos clientes, as reclamações do meu chefe, a chatice dos clientes, e assim sucessivamente.

No começo, foi legal. Entrei na Matuta assim que saí da faculdade. Não queria ser mais uma com diploma na mão, e nada de emprego na outra. Aceitei uma das primeiras propostas que me apareceram. A grana conseguia me manter no início. Também, para quem ganhava pouco mais de um salário mínino como atendente de lanchonete, qualquer mil réis era lucro.

Um ano, dois anos, três anos... Cinco anos já se passaram, e eu continuo na Matuta. Não sou mais uma profissional feliz. Não me sinto mais realizada. Todos os dias, quando o despertador toca, a minha vontade é deixá-lo tocando e fingir que não estou ouvindo. Dormir até meio-dia e fazer tudo aquilo que eu sempre quis fazer, mas a Matuta nunca deixou.

– Pede logo as contas, mulher.

– Ai, Betina, pra você que tem dinheiro, é fácil, né? Esqueceu que eu moro sozinha, e tenho contas para pagar?

– Eu sei... Mas, se você está infeliz! E outra: você é uma profissional competente e pode arrumar algo melhor.

Profissional competente é o que todos falam, mas até agora não lucrei nada com toda essa minha competência. O salário continua menor que as minhas dívidas, trabalho mais do que o necessário, estou esquecendo quase tudo que aprendi, porque até agora não apliquei (sou obrigada a seguir padrões da publicidade de 1950). O mundo está evoluindo, e eu me sinto indo contra toda essa evolução.

"Vai ser hoje. Hoje eu peço as contas. Vou chegar e dizer: 'Olha, muito obrigada, mas não dá mais não'." É o que penso, todos os dias, em dizer, quando estou à caminho da agência. Chego lá, sempre, desejando que aquele seja meu último dia, mas nunca é. Será que esse dia vai chegar?

Sei que num país de desempregados não posso me dar ao luxo de querer jogar a minha única fonte de sustento para o alto, mas não aguento mais. Um dia, minhas preces serão ouvidas...

– Bom-dia, Diana!

– Nossa, Rose, que cara é essa?

– Se prepara, garota. O clima, aqui, é dos piores hoje.

– Posso saber o porquê?

– Simplesmente porque perdemos a conta da SHZ.

– Da SHZ? Mas eles são os únicos clientes decentes e ricos que a gente tem...

– Pois é...

O dia seguiu até às seis da tarde, com clima de velório. A porta da chefia ficou fechada o dia todo. Meu querido chefe não saiu em nenhum momento para dizer nada. Como já era esperado, no fim do expediente, Seu Jorge reuniu a trupe:

– Gente, nem sei como começar a dizer isso...

Vou resumir: ele fez aquele discurso típico, de que éramos uma ótima equipe, bons profissionais, que ele gostava muito da gente, mas que a empresa ia ter de passar por uma reestruturação e cortar gastos. Preciso dizer que meu salário e meu emprego foi um dos gastos que ele cortou?!

Saí de lá com meu sonho realizado: era mais uma desempregada no meio de milhões. Cheguei em casa pasma, feliz e triste ao mesmo tempo. Agora, eu era dona do meu próprio nariz. Não precisaria mais acordar cedo, aguentar meu patrão e os clientes. Ia poder nadar, ir ao cinema numa tarde ensolarada, fazer tudo e nada numa segunda-feira...

No entanto, parecia que as contas coladas na geladeira gritavam: "Ô, sua pateta, e a gente? Como vamos ficar? ". É, realmente, como eu ia ficar, e como eu ia fazer pra pagar todas as contas que gritavam da minha geladeira? Eu até ia tirar uma grana do seguro desemprego, e da rescisão, mas um dia essa grana ia acabar. E esse dia estava muito próximo.

– O que eu faço?

– Ué, você não queria sair da agência?

– Queria... Queria sair, e não que me tirassem de lá. E agora? Como vou fazer? Vou ter de voltar pra casa dos meus pais. E eu jurei que não voltaria, que podia provar que seria independente, dona do meu próprio nariz... E, agora, só sou dona do meu prejuízo...

– Calma, Di, tudo vai se ajeitar. Guarda uma grana pra sobreviver esses meses, e corre atrás de outro...

– Como se fosse fácil, né? Fila, entrevista, processo seletivo... Tudo de novo, não! Acho que vou me engajar para conseguir um homem rico. É isso. Um homem rico é a solução para os problemas das mulheres solteiras desempregadas do Brasil.

– Ô anjinho, desce daí de cima. O máximo que você vai conseguir frequentar é o boteco da esquina, e se contente se o dono do bar te der uma piscada... Acorda!

– Ai, credo...

A Betina estava certa. Eu tinha de parar de sonhar e cair na real. Me arrependi por ter desejado, um dia, sair da Matuta. Agora estava sem emprego, com pouco dinheiro e cheia de dívidas para pagar... E elas não paravam de gritar de todos os cantos do meu apartamento. E cabia a mim arrumar uma forma de atender ao chamado delas. Teria de adiar as minhas "férias permanentes" e correr atrás de um novo emprego. Ah, mas acho que as dívidas poderiam esperar mais algumas semanas, né?

Quem leva um bolo nunca esquece... e acaba levando mais

Parece que nós, mulheres, temos o dom de levar "bolo". Algo me diz que nosso instinto feminino atrai esse tipo de situação, ou, simplesmente, amamos inconscientemente passar por isso. Eu já levei uns 15 bilhões de bolos, foras, tortas e outros doces mais, porém, nunca aprendo com eles. O próximo é, sempre, pior que o anterior; e eu também estou, sempre, mais boba.

Há duas semanas, levei um daqueles! Com direito a recheio, *chantilly* e cereja. Vou contar. Tem um carinha da minha academia que sempre achei "gatérrimo", mas, até então, ele nem me dava bola.

Um dia, porém, – por falta de espaço e equipamento – ele resolveu malhar na esteira ao meu lado. Fiquei superempolgada e pensando em mil formas de começar um assunto. Porém, ele foi mais rápido e puxou conversa da forma mais simples e comum: "Que horas são, por favor? ". Naquele momento, esqueci completamente como ver as horas num relógio (detalhe!) digital.

Depois de dizer as horas, começamos uma conversa cordial. E, dali pra frente, me sentia no direito de cumprimentá-lo toda vez que o encontrava na academia. Não sei por que, mas nos encontrávamos sempre no mesmo horário!

Após longas semanas de "bom-dia, boa-tarde, boa-noite"... Começamos a contar mais de nossas vidas. Ele, Paulo, 33 anos, bancário e lindo. Eu, Diana, 29 (idade perfeita), publicitária, pobre e na caça de um namorado!

– E aí, Di? Quando vai rolar o primeiro encontro com o cara da academia? – perguntou Betina, em uma das nossas típicas sextas-feiras no bar do Pedrão, onde a gente deixa todo o estresse da semana numas doze garrafas de cerveja.

– Você nem sabe... Vamos sair amanhã. Ele me convidou para jantar – disse toda feliz.

– Jantar? Mas que romântico. E aí, já preparou o *kit* primeiro encontro? – questionou Lili, minha outra melhor amiga.

– *Kit*? Que *kit*? – perguntei, surpresa.

– Isso que dá ficar muito tempo de molho. Amiga, acorda! Você vai sair com um homem lindo e acha que vai voltar para casa e dormir? Querida, depilação, *lingerie* nova e um bom perfume são tudo num primeiro encontro.

– Poxa, é verdade... Fui! – deixei o dinheiro na mesa e saí correndo. Afinal de contas, 24 horas eram pouco para ajeitar tudo isso.

Sábado, seis da tarde. Acabei de chegar do cabeleireiro. Mais de cinco horas entre manicure, depilação, escova e as fofocas daquelas mulheres que adoram ir ao salão no final de semana para falar da vida e mal dos outros. Estou superatrasada. Que roupa vestir? Tenho apenas três horas para me decidir.

Parada em frente ao espelho, penso: "Esse vestido vermelho? Provocante demais. Ele vai logo achar que eu só quero sexo. Que tal esse terninho? Não, não... Formal demais. Desse jeito, ele vai achar que está saindo com a mãe ou com a chefe. Um jeans? Casual demais... ".

Depois de duas horas e meia decidindo o que vestir, algo me caiu perfeitamente. Corri pra maquiagem, retoque final na roupa, última passada no espelho. O tempo começou a passar:

21h: "Daqui a pouco, o Paulo deve estar chegando. Fica calma, respira".

21h30: "É, ele deve estar um pouco atrasado. Afinal, o trânsito de São Paulo é um caos".

22h30: "O pneu dele deve ter furado, e a bateria do celular descarregou".

23h30: "Não é possível, mais um não. Poxa, o que será que aconteceu? Mas nem um telefonema? Será que a mãe dele morreu?!".

Fim da noite: fui pra cama com três latas de cerveja, uma caixa de bombom e um CD do Fábio Jr. Mais um bolo pra minha coleção, mas que sabor terá esse?

– E aí, Di, como foi a noite ontem? – perguntou a Betina, que não aguentou de curiosidade e me ligou logo cedo.

– Se tivesse tido noite. Levei mais um bolo, amiga.

– Não creio. E ele não ligou?

– Parece até que você não conhece homem. Já viu explicação de homem furão?

Nas semanas seguintes, parece que, estrategicamente, a gente não se viu, e ele nem ligou. Mas, como meu santo é forte, um dia a gente se trombou na porta da academia. Ele me olhou com cara de quem não sabia que desculpa inventar. E eu, com uma boca maior que o universo, não resisti e perguntei:

– E sua mãe, melhorou?

– Minha mãe?

– É, ela não ficou doente naquele dia que a gente ia jantar? – perguntei, irônica.

– Putz, é mesmo, sabe o que é...

– Olha, Paulo, não estou cobrando nada não. Só fiquei preocupada. Bom treino – virei as costas e fui embora.

Não tenho mais saco para ouvir sempre a mesma desculpa.

Toda mulher adora um banheiro feminino

Há coisas que não tem como a gente negar, e uma delas é que toda mulher adora um banheiro feminino. Tem coisa melhor do que deixar os homens morrendo de curiosidade quando todas as mulheres da mesa se levantam e vão ao banheiro juntas? Gostaria de ser um dos neurônios deles, para saber o que eles pensam ou imaginam o que a gente faz, unidas, dentro de um banheiro. Porém, sei que eles também adorariam ser uma daquelas mosquinhas chatas, só para nos espionar.

Banheiro feminino é algo especial para toda mulher. É lá que a gente verifica se deu certo aquele trato no visual. Fofoca o que não dá pra falar na frente de todo mundo. É o local onde choramos nossas mágoas, e pode até ser acudida por uma estranha que está passando batom no espelho. A gente respira, conta até dez, e volta sem sair do salto, e também é lá que sempre são contadas as melhores histórias.

Se você for homem, sei que será difícil entender. Deve estar se perguntando: "Mas qual a graça de ficar horas dentro de um banheiro, em vez de curtir a balada ou a festa?". Meu amigo, passaria dias tentando explicar, e você jamais entenderia, pois, afinal de contas, banheiro para você é sinônimo, apenas, de um pipis rápido, e sem dar tempo para que o outro fique medindo muito (você entende...).

Códigos

A etiqueta do banheiro feminino é quase um código secreto, inventado por alguma mulher da Idade Média. Cada jeito de ir ao banheiro tem um significado. Se uma mulher chega numa festa ou numa balada e vai direto pro banheiro, isso quer dizer que ela quer dar uma conferida no visual. Se estiver acompanhada, quer repassar o batom que o namorado tirou no meio do caminho, arrumar o cabelo que ele desarrumou com o abraço e ver se está realmente poderosa.

Se várias mulheres estiverem reunidas num mesmo local, conversando no meio de homens, e, de repente, elas se olham, e uma delas convida as outras para irem ao banheiro, isso significa que querem fofocar, ou melhor, querem um momento de privacidade. Se todas forem juntas, pode ter certeza que o babado é forte, mas se forem apenas em duplas, com certeza contarão segredos íntimos, ou falarão mal da companheira excluída da excursão ao banheiro. Aliás, é um desrespeito, ou uma afronta, ir ao banheiro e não convidar uma mulher presente. Ir ao banheiro em bando é um hábito mais do que comum.

Ir ao toalete no meio da balada é sinal de que você já exagerou na breja, e não consegue parar de fazer xixi. Ou sinal de que precisa de um canto pra respirar, pois já está pra lá de bêbada.

Dentro do banheiro

Já reparou como banheiro feminino sempre tem fila? Banheiro feminino que se preze tem de ter fila, e um monte de mulheres sacolejando pro xixi não sair. É na fila que você ouve as melhores histórias. É uma que conta que encontrou o ex-namorado, é outra fugindo do cara chato da balada, é outra falando mal da fulana que não foi convidada para ir ao banheiro...

Se não bastasse a fila, é inacreditável o tempo que uma mulher gasta dentro do banheiro: abaixa a calça e a calcinha, faz o xixi, veste a calcinha, levanta a calça, dá descarga, arruma a blusa... Ufa! Que inveja de não poder dar apenas uma sacolejada...

Espelho! Local preferido das mulheres. Já percebeu como a gente fica fula quando não tem espelho no banheiro? Onde já se viu um banheiro feminino sem espelho? É sempre um aperto, mas a gente luta pelo espaço, para ver se a roupa está boa, se a escova que você gastou a tarde toda fazendo já não foi embora... É lá também que você (sutilmente) repara no que a outra está vestindo; se está bonita, feia, gorda ou magra. E sempre surgem comentários do tipo: "Nossa, preciso cortar o cabelo" ou "Como eu estou gorda".

Ao contrário do que os homens pensam, banheiro feminino nem sempre é sinônimo de limpeza. Há uns bem imundos por aí. Como pode existir tanta mulher desleixada no mundo? A pior coisa é entrar num banheiro feminino, e sentir aquele cheiro de urina misturado com menstruação. Pior ainda é abrir a porta do banheiro, apertadíssima para fazer xixi, e se deparar com um absorvente (detalhe!) usado, jogado no chão e mostrando abertamente para que ele serve. Muito pior é olhar na privada e ver que a companheira anterior deve ser deficiente, porque lhe faltou as mãos para dar descarga. Nessa hora, fico imaginando o chiqueiro em que ela vive, e tenho pena das moças que limpam o local.

As histórias

Por falar em moça do banheiro, elas são as que mais se divertem na festa. Elas sabem de tudo! Quietinhas em seus cantos, enrolando papel higiênico e fumando, elas ouvem tudo. Será que contam para alguém?

Um dia desses, descobri que a dona Cida, senhora que limpa o escritório em que eu trabalho, ganha um extra no final de semana limpando o banheiro de uma balada famosa. Fiquei enlouquecida! A mulher simplesmente era uma enciclopédia brasileira sobre histórias de banheiro. Numa tarde dessas, em que meu chefe saiu mais cedo, ela desandou a me contar algumas, enquanto eu tomava um café.

– Ah, *fia*, a gente ouve e vê de tudo no banheiro – confessou dona Cida, tragando um cigarro – Quietinha no meu canto, fico só observando e ouvindo as histórias para passar o tempo. Tem aquelas meninas fresquinhas, que mal olham para gente, pegam o papel, como se *nóis fosse* máquina, essas são as piores... Já vi muitas dessas *cherano, vomitano*, de tanta cachaça, e essas bebidas que eu nem sei o nome. Até mulher armada eu já vi... Sério, *fia*. E tem as mais educadas, também, que cumprimentam e sempre puxam um papo ou outro com *nóis*, tem sempre uma ou outra que desanda a contar da vida... Outro dia, apareceu uma toda bonitona com jeito de grã-fina, sabe? Se trancou no banheiro, e desandou a chorar... Ficou mais de uma hora chorando ... Fiquei com dó, né? Resolvi ajudar, e ela me contou que havia acabado de ver o marido com outra na balada... Não sabia o que fazer, e o pior é que enquanto ela me contava, a vagabunda da outra entrou no banheiro... E aí? Aí que o pau comeu minha *fia*... Foi cabelo para todo lado... É, a gente se diverte, viu?

Confesso que acabei saindo até mais tarde do serviço, só pra ouvir as histórias da Dona Cida.

Pacto de *bubbaloo**

Depois da família, minhas amigas são a coisa mais importante da minha vida. Eu nunca fui de ter muitas amigas, mas as poucas amizades que conquistei sempre foram muito profundas.

Amigo, para mim, tem de ser alguém leal, que me ofereça o ombro para chorar ou puxe a orelha nos momentos em que eu estiver errada, e também que ria, chore, lute comigo, e com o qual eu possa sempre contar. Graças a Deus, encontrei isso nas minhas amigonas do peito Lili e Betina.

Quem olha, à primeira vista, pode até achar que somos como água e óleo. Não se misturam e jamais dariam certo. Porém, uma completa a outra. O que uma não tem, a outra oferece.

---

* Pacto de *bubbaloo*: acordo de amizade eterna entre "melhores amigas". Geralmente, realizado na adolescência.

A Betina é a mais realista do trio. Talvez por ser mais velha do que eu e Lili, ela é a amiga meio mãe. Sempre tem uma palavra dura e uma bronca para nos dirigir, mas, por incrível que pareça, a gente sempre reflete depois.

No começo, foi um pouco difícil me acostumar a esse jeito "general", mas a Betina, em muitos momentos, é quem me coloca nos eixos e me traz à realidade.

Ela é dona do próprio nariz e do próprio negócio. Advogada, é super bem resolvida com a vida e consigo mesma. Ao contrário de mim e da Lili, homem não faz parte de seus planos. Cansada de sofrer por eles, Betina simplesmente resolveu aboli-los da sua vida. Com exceção dos momentos em que o corpo fala mais alto e o vibrador não resolve.

Conheci Betina num *happy hour* da minha agência. Ela era advogada de um dos clientes, acabou fazendo amizade com a galera e nos apresentando o bar do Pedrão. À primeira vista, nosso santo não bateu.

– Que cara é essa, Diana? – perguntava Paula, uma colega de trabalho, enquanto todos riam na mesa do bar.

– Tô meio para baixo mesmo.

– Aposto que tem homem no meio. Mulher, quando fica assim, ou levou um pé na bunda ou... – palpitava a intrometida da Betina, já dando sinais de sua personalidade ríspida.

Naquele momento, fiquei muito brava com ela. Quem ela pensava que era para ir me julgando daquela maneira?

– Agradeço o seu palpite, Belina, ops, Betina, né? Esse é seu nome, né? Mas não tem nada a ver com homens, OK? – disse, com faísca nos olhos.

O clima ficou meio chato depois disso, e eu resolvi ficar quieta o resto da noite, para não pular no pescoço daquela intrometida. Fiquei com mais raiva ainda, porque ela me parecia uma mulher segura, totalmente ao contrário de mim, um poço de insegurança.

Todos ouviam atentamente suas histórias, seus conselhos e ela sempre parecia ter uma resposta afiada na ponta da língua.

No fim do *happy hour*, me toquei de que estava sem carona para ir para casa e, quando me dirigia para pegar um táxi, Betina apareceu buzinando:

– Quer uma carona?

Eu olhei com desconfiança e, antes que dissesse não, ela me interrompeu:

– Pode ficar tranquila, Diana. Não vou perguntar mais nada sobre sua vida. Inclusive, como forma de desculpas, entra que eu te dou uma carona.

Daquele momento em diante, Betina não só me deu carona, como me deu a honra de sua amizade. Descobri que, por trás daquela armadura de ferro, existe uma grande mulher. Uma mulher segura que, em muitos momentos, eu almejo ser. E, quando não sou, é para ela que corro atrás de colo. E lá está minha amiga, mãe, irmã, pronta para me dar um conselho, quase sempre acompanhado de uma bronquinha, leve ou pesada... Mas, amigo é para essas coisas, né?

A Lili é nossa parte emotiva. É a mais insegura de todas. Não consegue viver sem um homem ao lado, é capaz de tudo e de dar tudo (literalmente) para ter um macho com ela. O problema da minha amiga é que ele sempre se envolve com os caras errados. Só beija os sapos. Quase nunca os príncipes. E está sempre acreditando que vai viver um lindo romance como nos filmes de Hollywood.

Ao contrário de mim e da Betina, dinheiro não é problema para ela. Lili, ou melhor, Liliana Bittencourt, nasceu em berço de ouro. Filha de um grande empresário gaúcho, ela poderia ser considerada a nova Paris Hilton, um poço de futilidades senão tivesse nos conhecido. Mas, mesmo tendo grana, ela é uma das pessoas mais humildes e solidárias que já conheci.

Lili também é a mais engraçada e divertida de todas. Quase sempre tem uma declaração descomprometida para dar, e é quem me apoia quando o assunto é homem. Baladeira nata, ela não deixa nosso espírito jovial morrer.

Pode parecer engraçado, mas conhecemos a Lili num banheiro de balada, chorando aos baldes, lá pelas tantas da madrugada de um sábado qualquer:

– Minha nossa, o que aconteceu, mulher? – perguntei, ao vê-la naquele estado.

– Quer uma água? – perguntou, Betina.

– Eu quero sair daqui. Me tira daqui, por favor.

Mesmo sem saber nada daquela mulher desesperada, atendemos a seu pedido, e a tiramos da balada. Resolvemos levá-la a meu apartamento e, depois de muito chorar, começou a nos contar o que tinha acontecido.

– Ai, me desculpem por esse papelão. Vocês duas só podem ser anjos. Prazer, me chamo Liliana, mas podem me chamar de Lili.

– Prazer, Lili. Mas será que agora você pode nos contar o que aconteceu? – perguntava Betina, já sem paciência para tanta choradeira.

– É que eu tinha marcado um encontro com o meu namorado, e ele não apareceu. Daí, resolvi sair para espairecer, e o encontrei com outra mulher lá na boate.

– Sabia que tinha homem no meio. Você tinha de agradecer por ter presenciado isso. Sinal de que esse cara não presta e não serve para você.

– Betina!

– O que é, Diana? Só estou sendo realista.

– Vocês estão certas. O Luís Otávio não me merece.

Daquele dia em diante, não só passamos a conhecer e a conviver com a Lili, como também com o canalha do Luís Otávio, que aprontaria muitas ainda ao longo de nossa amizade.

E, assim, se vão longos anos de amizade, os quais quero preservar por muito e muito tempo. Fazemos promessas de sermos madrinhas de casamento uma das outras (com exceção da Betina, que não pensa em casar), madrinhas dos filhos umas das outras (com exceção da Betina, que não quer ter filhos), entrarmos juntas para o grupo da terceira idade (com exceção da Lili que, já disse que fará quantas plásticas forem necessárias para rejuvenescer, como sinal de recusa à entrada na terceira idade).

Quase nunca ficamos mais de dois dias sem nos falar. Sempre ligamos umas às outras e mantemos a tradição da cerveja com frango a passarinho no bar do Pedrão, às sextas-feiras. Mesmo quando alguma de nós começa a namorar, logo enturmamos o companheiro, e não admitimos que ele venha podar nossa amizade.

Brigas? Às vezes acontecem algumas, mas sempre tem alguém de prontidão para pacificar. Geralmente, esse alguém sou eu, pois Lili e Betina, frequentemente, têm uns arranca-rabos.

– Eu não aguento mais a Lili, Diana! Bendita hora em que fomos ser solidárias e socorrê-la naquele banheiro – dizia Betina, ao entrar bufando no meu apartamento.

– O que aconteceu dessa vez? – perguntava, já careca e cansada das brigas infantis das duas.

– Acredita que ela me apareceu de novo lá em casa, no meio da madrugada, pedindo abrigo porque brigou com o Luís Otávio? Eu não aguento mais!

– E o que ele aprontou dessa vez?

– O que você acha? O mesmo de sempre, Diana. Traição e sacanagem. Daí, eu estava tão de saco cheio que falei umas poucas e boas para ela.

Eu, facilmente, podia imaginar o que a Betina tinha dito, e como a fragilidade da Lili não teria sido capaz de suportar.

Enquanto eu tentava acalmar a Betina, minha campainha tocou. Era a Lili:

– Oi, Diana, posso entrar?

– Claro, Lili. Se a presença da Betina não for um problema para você...

– Ah ela está aí? Eu volto outra hora. Me recuso a ficar no mesmo ambiente que essa insensível.

– *Tá* me chamando de quê hein, dondoca? – gritou Betina, lá do sofá, irritada com a provocação.

– Meninas, por favor, barraco no meu prédio não, hein? – disse – Acho que vocês duas são bem crescidinhas para ficarem de mal, né?

– Eu não estou de mal de ninguém. Se ela não aguenta ouvir verdades, não posso fazer nada.

– O seu problema, Betina, é que você não sabe dizer verdades. Você só sabe ofender. Sempre cheia de razão, se acha no direito de humilhar as pessoas.

– Eu não preciso te humilhar, Lili. Você mesma já faz isso ao rastejar pelo Luís Otávio.

Antes que as duas se atracassem no tapete da minha sala, resolvi levantar bandeira branca.

– Chega! Meninas, *hello*! Vocês têm noção de que estamos brigando por causa de um homem? Betina, você, que nunca deu valor a eles, agora vai perder uma amizade por um que nem vale meio centavo? E você, Lili, me desculpe, mas está mais do que na hora de acordar e perceber o mal que esse canalha te faz, né?

As duas ficaram cabisbaixas, feito dois pintinhos abandonados. Depois, se olharam e a Lili, como sempre, foi a primeira a dar o braço a torcer.

– Desculpa, Betina. É que eu sempre fico cega quando o Luís Otávio apronta comigo, mas eu sei que você só quer o meu bem. Me dá um abraço?

– Tudo bem, Lili. Eu te desculpo. Me desculpe também. Se eu falo essas coisas é para o seu bem, é porque gosto de você.

– Pazes feitas? Selamos o pacto de *bubbaloo* novamente?

Pazes e pactos refeitos, seguíamos em frente, à espera da próxima briga e curtindo os bons momentos que nossa amizade sempre nos reservava.

O tempo passa, e as amigas também!

Louvado seja o inventor do Orkut (e do Facebook). Amo e odeio essas pessoas, simultaneamente. Graças a eles, a gente reencontra um trilhão de pessoas que jamais imaginou rever na vida, e até mesmo aquelas que não tiveram capacidade de ligar para você, mas sabem muito bem te adicionar para colecionar mais uma gata no perfil (que ódio!).

Bem, foi numa dessas navegadas que eu encontrei uma comunidade do Colégio Santa Rita, onde fiz o colegial. E, nela, era incrível o número de participantes que eu jamais pensei que fosse rever na vida. Dentre essas pessoas, reencontrei a Samara, amigona dos tempos do colegial. Daquelas de dividir segredos, dormir uma na casa da outra, andar juntas no colégio. Depois que a gente se formou, eu e Samara ainda tentamos manter contato, mas, como acontece com todo mundo, ela se perdeu na vida dela, e eu, na minha.

Ficamos trocando recados por quase um mês. Descobri que ela havia acabado de voltar da Flórida, onde foi estudar inglês por um ano (pelo menos ela tinha feito algo de emocionante da vida). Samara havia se formado em Marketing, e era diretora de uma grande empresa. Além disso, descobri que minha amigona do passado era casada... E olha que fizemos um pacto, segundo o qual seríamos solteiras a vida toda... Traidora!

Resolvemos nos reencontrar, e Samara aproveitou para marcar uma reuniãozinha na casa dela, chamando outras três amigas de colégio, Bete, Patrícia e Rose, que também faziam parte da nossa patota.

Ao chegar na casa da Samara, descobri que aquela nossa promessa de virar *hippie* tinha se perdido em algum canto da Flórida, eu acho. Ela morava num residencial fechado simplesmente m-a-r-a-v-i-l-h-o-s-o!

– Diiiiiiiiiiiiiiii! – gritou aquela loira cheia de botox, silicone e tudo o mais que o dinheiro permitiu.

Era a Samara. Fiquei estática. E eu no meu pobre jeans surrado:

– Que saudades, menina. Entre, fique à vontade. As meninas estão na sala de visitas.

Sala de visitas?! Apenas mais uma parte do palácio em que minha ex-melhor amiga morava. Fui entrando e, enquanto ela me apresentava cada detalhe da casa, de repente uma mulher de cabelos curtos, gorda, com os dedos lambuzados de brigadeiro, correndo atrás de um garotinho, parou, me olhou e disse:

– Não creio... É você mesmo? A rainha das *hippies*?! Diana!

Ela logo veio e me deu um abraço lambuzado. Demorei a reconhecer, mas era ela mesma, a Bete. Não pude acreditar. A Bete era o tipo de garota que, no colégio, todos os garotos queriam namorar. Ela era linda de causar inveja nas outras meninas (confesso que até eu tinha inveja dela, porém, naquele momento, me arrependi de um dia tê-la invejado):

– Bete bunduda ? Quem é esse príncipe? – perguntei.

– É o Lucas, meu tesouro. Ah, hoje a babá precisou ir ao médico, e não tive com quem deixá-lo.

Babá? *Peraí...* será que elas entraram para algum clubinho VIP, e se esqueceram de me convidar? Estava me sentindo um peixe fora d'água, quando alguém gritou...

– Porra, vão ficar enrolando aí?

Nem precisei adivinhar: era a Patrícia, com seu jeito debochado de sempre. A única coisa que havia mudado nela eram os cabelos que, de castanhos cacheados, viraram vermelho fogo. Nos abraçamos e fomos todas para a sala de visitas.

Ficamos à tarde toda a falar da vida e a nos empanturrar de vinho (porque cerveja é coisa de pobre) e de uns aperitivos que a empregada da Samara trouxe. Foi uma tarde maravilhosa, porém, ao mesmo tempo em que éramos tão íntimas naquele ambiente, éramos tão estranhas e diferentes umas das outras.

Samara estava casada há cinco anos com Pepe, um *nerd* do colégio, que a gente vivia zuando. Ela contou que eles se reencontraram numa festa, e ele estava mudado, mais bonitão, e mais rico, vamos dizer assim, e acabou rolando. Formada em Marketing, hoje ela dirige uma multinacional, e vive viajando para o exterior. Filhos? Disso ela não quer nem ouvir falar. Disse que ainda tem muitos planos pela frente (também, com o dinheiro e o marido dela, até eu também teria muitos planos).

A Bete bunduda virou a dona de casa perfeita. Engordou uns vinte quilos e, hoje, só se dedica a cuidar do Lucas e do marido (detalhe!) rico. Ela pode ter mudado de aparência, mas a esperteza, *ham*, isso não mudou nadinha. O que mudou mesmo, porém, foi seu papo, que, de liberal, havia se transformado numa conversa chata a respeito de filhos, marido, dona de casa e cheia de pudores. Bete, sim, planejava ter muitos filhos. Disse que seu marido era um empresário renomado, e que queria deixar muitos herdeiros para seus negócios (isso mesmo, no plural).

A Paty continuava a mesma loucona de sempre. Depois de muitas desilusões amorosas e dois filhos, ela havia entrado para o meu clube – o das solteiras. Atualmente, trabalhava numa galeria de arte, e continuava falando as mesmas bobagens e palavrões de sempre. Contou que já fez de tudo na vida (tudo e mais um pouco), mas que agora a idade estava chegando, ela estava mais calma. Porém, não queria saber de homem não...

A Rose... Ah, essa foi uma surpresa... Chegou atrasada ao nosso encontro por causa de uma reunião na igreja. Havia se tornado evangélica. Para falar a verdade, ela ficou a maior parte do tempo muda. Mas conseguimos arrancar algumas informaçõezinhas dela. A Rose, no colégio, era o tipo de amiga mãe, daquelas que dava conselhos a todo mundo, estava sempre pronta a ajudar. Ela que tantas vezes presenciou minhas lágrimas adolescentes, agora mais parecia uma estranha, para todas nós. Rose estava noiva de um irmão da igreja e trabalhava em um escritório. Entrou para a igreja por causa da mãe e disse que estava bem mais feliz agora. Porém, como não podia se atrasar para o culto das seis, não ficou nem uma hora na nossa reuniãozinha.

E eu?! Fiquei sem saber o que dizer quando perguntaram o que eu fazia da vida. Podia dizer que estava namorando um homem maravilhoso, que estava cheia de planos, de dinheiro, e com o emprego dos meus sonhos.

Mas não... Mesmo longe de mim, aquelas eram minhas amigas (ou pelo menos um dia foram). Eu devia lealdade a elas. Contei que estava à procura do meu príncipe, que sempre insiste em chegar de jumento, que morava sozinha num apê alugado, e tinha arrumado um emprego recentemente numa agência, ou seja, era uma solteirona endividada.

Ficamos na casa da Samara até o anoitecer, nos lembrando dos bons tempos de colégio. Das pessoas, das azarações, revelando segredos antes jamais revelados. Sabe que eu descobri que a Samara gostava de um carinha que namorei no colégio e que, depois que a gente terminou, eles ficaram?!

Mesmo em mundos tão diferentes, aquela tarde foi maravilhosa, e também deprimente. É triste ver que o tempo passa, o tempo voa...

O bom filho à casa torna

– Gente, o Beto vai casar! – foi o que eu disse à Lili e Betina, naquela tarde de sábado na casa da Bê.

– *Num* creio, e ele te convidou? – perguntou Betina.

– Fez questão de me mandar o convite.

Sabe aquele ex-namorado, com o qual rola um *remember*, sempre que vocês se encontram? O Beto era um desses. A gente se conheceu no cursinho pré-vestibular (há *muuuito* tempo), e namoramos até o penúltimo ano da faculdade.

O Beto era o namorado perfeito: a gente gostava das mesmas coisas, ouvia as mesmas músicas, falava sobre tudo; a gente, simplesmente, se completava. Era o *brother* que eu beijava na boca. Pensávamos até em casar, mas, um dia, apareceu uma oportunidade, para ele ir estudar nos Estados Unidos, e nossos planos de casamento foram adiados. O ano que ele ia estudar fora se transformou em três, e nosso namoro acabou virando amizade.

Apesar de ser gamadona nele, dei um superapoio para que ele fosse estudar fora, e achamos melhor terminar a relação, pois não ia dar para continuar a quilômetros distância. Por algum tempo, a gente ainda manteve relacionamento por *e-mail*, MSN, carta e alguns telefonemas, mas, com o passar dos anos, a gente parou de se falar. Até que, um belo dia, o Beto voltou e foi me procurar. Fiquei muito feliz com a volta dele, mas já não tinha nada a ver insistirmos num relacionamento; ele acabou virando o meu amigo colorido.

Toda vez que a gente se via, era mais forte que nós. Sempre terminava em seus braços, mergulhada em sua boca; no apartamento dele, ou no meu. A gente não se cobrava. Rolava e pronto. Tínhamos toda liberdade pra contar de outros relacionamentos e pedir conselhos. Nossa, quantas vezes ele me ligou chorando, por causa de alguma mulher, ou eu liguei aos prantos para ele...

– Mas, Di, vocês não tinham um rolo?

– Na verdade, Li, a gente sempre foi meio amigo, meio amante, sabe? O Beto é muito especial para mim, mas é só amizade...

– Será?

Confesso que a chegada daquele convite vermelho aveludado, com o nome do Beto e de sua futura esposa, em letras douradas e garrafais, convidando-me para vê-lo fazer juras de amor a uma noiva que não era eu, me deixou deprimida.

Eu sei que não éramos namorados; aliás, já fazia mais de um ano que não rolava mais nada... Eu até sabia que ele estava namorando uma garota que conheceu no trabalho, mas ainda tinha aquela pequena ponta de esperança de que o Beto fosse uma das minhas possibilidades de marido. E, agora, a possibilidade ia subir ao altar:

– E você, vai ao casamento? – perguntou Lili, perplexa com a situação.

– Ainda não sei...

– Ah, se eu fosse você, eu ia... E bem bonita... Só pra fazer ele se arrepender de casar com a lambisgoia... – apimentou Betina.

– Eu não ia, não! E pagar esse mico de solteirona? Além do mais, ver o cara todo feliz com outra?! – retrucava Lili.

– Ai, gente, vocês me deixam mais confusa ainda.

Faltava um mês para o casamento e o convite havia virado artigo de decoração da minha geladeira. Toda vez que eu olhava para ele, vinha a pergunta: "Ir ou não ir ao casamento, eis a questão ".

Num desses domingos de sol, resolvi caminhar no parque, pois já estava um pouco acima do peso, e totalmente preguiçosa. Ouvindo uma música melancólica da Ana Carolina no meu MP3, eu caminhava e pensava na vida, até uma bicicleta quase me atropelar...

– Beto?!

–Diana?!

Coincidências realmente acontecem, e o destino mais uma vez pregava uma peça em mim. O noivo e a ex se encontravam no parque.

– O que faz por aqui uma hora dessas? Pelo que sei, você não é de acordar tão cedo!

O chato de reencontrar ex-namorados é que nem dá pra mentir; o cara simplesmente sabe tudo sobre você. E ser dorminhoca era uma das coisas que ele sabia!

– Estou tentando mudar... E você?

– To morando há duas quadras daqui... Eu e a Dri alugamos esse apê, e eu resolvi me mudar na frente... Falando nisso, recebeu o convite?

– Convite?! Ah... Recebi, obrigada.

– E você vai, né?

"Por que ele tinha de fazer essa pergunta?"

– Eu? Vou... Vou claro!

– *Tá* com muita pressa, ou tem tempo pra um café?

Educado como sempre, Beto me levou para tomar café da manhã em uma padaria próxima. Levamos, simplesmente, duas horas tomando café. Ele começou a me contar como conheceu a Adriana, a futura esposa, seus planos para o futuro, como estava no trabalho... Desandou a falar... Ainda bem que ele não perguntou sobre minha vida, pois trinta segundos seriam suficientes para resumir que sou uma solteirona em busca do homem perfeito... E que ele podia ser esse homem.

– Quer conhecer meu apê?

– Eu? Mas, Beto, e a Adriana?

– O que tem? Você é minha amiga!

Realmente, eu era só a amiga. Fui até o ninho de amor dos dois e, depois de conhecer o lar feliz, chamei Beto para almoçar em casa. Ele aceitou. Preparei uma "gororoba" qualquer, porque ele também sabia que eu cozinhava muito mal. Comemos e passamos mais algumas horas a conversar...

– Engraçado, né? Quem diria que um dia eu iria no seu casamento...

– É, a vida dá voltas...

– E pensar que já sonhei tantas noites em subir no altar a seu lado... – confessei sem pensar.

Nesse momento, ficamos mudos, como se um filme passasse em nossa memória. O Beto começou a me olhar diferente. Do mesmo modo que me olhava quando a gente namorava... Foi se aproximando... Tocou no meu rosto e, sem dizer nada, me beijou ... E eu continuei. Sei que não estava certa, mas, mais uma vez, o *remember* rolou com a gente, e sem cobranças.

– Di, você está louca? O cara vai casar, você vira a despedida de solteiro dele, e ainda quer ir ao casamento? – crucificou Betina.

Era o dia do casório, e eu estava convencendo Betina a ir comigo. Durona como sempre, ela tentou fazer de tudo para que eu não fosse. Mas eu tinha de ver, para que pudesse colocar um ponto final na história e acreditar que acabou.

Fui, com Lili e Betina a tira-colo. A igreja estava lotada e Beto, lindo como sempre. Só acreditei que não estava sonhando quando o padre disse: "Pode beijar a noiva". Vi que quem ele beijava era a Adriana, e não eu.

Na porta da igreja, encontrei-me com a mãe do Beto. Ela me abraçou fortemente e desandou a me questionar sobre minha vida. A dizer que me adorava, que eu era a nora que ela queria e blá-blá-blá...

Por fim, respirei fundo, e fui cumprimentar os noivos. Eu não sabia o que o Beto tinha contado para Adriana. Por isso, corria um sério risco de levar um tapa na cara...

– Parabéns, Beto.

– Diana! – ele abriu um largo sorriso e me abraçou.

– Dri, essa é a Diana, de que eu te falei, aquela minha amigona...

Incrivelmente, a noiva também me abraçou, e, então, tive a certeza de que colocamos um ponto final em nossa relação e o que restava era me conformar...

Quando vira amigo

O Tony é o homem que eu pedi a Deus, e pelo qual minha mãe implorou nas suas novenas. Simpático, educado, bonito, bem-sucedido, decidido, um fofo... Mas, é apenas meu amigo. Sabe aquele cara pelo qual você se derrete toda quando conhece, se joga nos braços dele, mas ele só quer desabafar e ser seu amigo?! É o Tony. No entanto, antes um amigo bonitão do que um bonitão por aí, voando.

Vamos lá...

Eu conheci o Tony numa reunião de trabalho, confesso: num *happy hour*, num bar. Era sexta-feira, sol de 40 °C na cidade de São Paulo. Galera do serviço estava estressada e resolveu se reunir num boteco próximo.

Lá estava eu, tomando meu chopinho e falando mal do chefe com meus colegas, quando aquele deus entrou no bar. Fiquei hipnotizada ao primeiro olhar. E fiquei mais ainda, quando ele se aproximou da nossa mesa. O Tony era amigo do David. Ele trabalhava perto e foi convidado para beber com a gente.

Vinte e oito anos (idade ideal), morava perto de mim, advogado (bom salário), inteligente, bonito, educado e ótimo papo. Essas foram as conclusões às quais cheguei no final do *happy hour*, que acabou lá pelas dez da noite.

Eu estava sem carona. Supereducado, o Tony perguntou onde eu morava e disse que poderia me levar até minha casa. Claro que não titubeei e aceitei. Fomos conversando sobre várias coisas ao longo do caminho, e descobri que tínhamos muito em comum; até mesmo amigos em comum. Ríamos de bobagens como se fôssemos velhos conhecidos. Tinha certeza de que ia dar certo, ainda mais pelo fato de que, no final, ele pediu meu telefone.

Fiquei esperando pelo telefonema dele por alguns dias e, surpreendentemente, ele me ligou antes que sete dias se completassem.

– Oi, Diana, é o Tony – fiquei muda quando ouvi a voz dele do outro lado da linha – Diana, você está aí? Alô?

– Oi, To-tony, tudo bem?

– Te atrapalhei?

– Que isso... Estava de bobeira.

– Que ótimo... É que eu ganhei um par de ingressos pra um *show*, hoje à noite, e é justamente da nossa banda preferida... *Tá* afim?

Em trinta minutos eu estava pronta, e o Tony, na minha porta. Tinha certeza de que ia rolar. Como sempre, fomos conversando o tempo todo. Descobri que ele era filho único (a sogra ia ser um obstáculo muito sério), adorava viajar, azul era sua cor preferida etc.

O *show* foi ótimo. Logo depois, ele me levou para jantar num restaurante muito aconchegante. Não tinha dúvida de que ia rolar. No meio do jantar, ele perguntou se eu tinha namorado. Disse que não. Ele não acreditou muito, ainda mais porque foi logo fazendo um monte de elogios para mim (o cara queria, claro!).

No final do jantar, ele me deixou em casa:

– A noite foi muito agradável, Diana. Fazia tempo que não me divertia tanto.

– Eu que agradeço por ter me aguentado.

– Não é sacrifício nenhum.

Suspirei.

– Então, a gente se vê.

O silêncio pairou no ar. Era a hora do beijo. Olhei dentro dos olhos dele. Dei aquela quebradinha de pescoço e esperei. Ele se aproximou e me deu um beijo... Na bochecha! (que ódio, mas eu não podia ser tão precipitada).

Nos despedimos, e ele se foi.

– *Peraí*! O cara te convida pra ir ao *show* da sua banda preferida, te leva pra jantar num lugar maravilhoso, e não rola nada? Eu não creio!

– Ai, Betina, acho que ele é tímido, reservado, sei lá.

– O cara tem algum tipo de problema, não é possível.

– Ai, vai ver eu que *tô* muito apressada. Acha que devo ligar para ele?

– Pra ganhar outro beijo na bochecha?

Eu adorava minhas amigas pela sinceridade, mas nem sempre seguia seus conselhos. Liguei para o Tony dali uns dias, e o chamei para ir ao cinema. E ele... Aceitou! Dessa vez, ele não me escapava. Assistimos a uma comédia romântica, para apimentar, dividimos a mesma pipoca, comemos um lanche e acabamos a noite no meu apê. Não se empolgue! Viramos a noite bebendo vinho, falando de livros e adormecemos juntos no tapete da minha casa... E nada rolou.

Saímos mais algumas vezes. Eu estava totalmente apaixonada por aquele homem, que não tomava nenhuma atitude. Será que o problema era comigo? Eu era muito feia? Não podia ser, ele não ia querer sair com um monstro! Tinha bafo? Meu papo era chato? Era gorda? Meu Deus, quanta agonia! Comecei a sentir saudades dos caras que me desprezavam logo de cara.

– Gente, vou enlouquecer. Faz dois meses que estamos saindo, e nada? – só uma bebedeira com minhas amigas me curaria daquela depressão apaixonante.

– Calma, Di... E se o cara tiver namorada? Vai ver ele não tem coragem de te falar.

– Mas quem tem namorada não me convida pra sair num sábado à noite ou num domingo à tarde... Não me leva em festa de família... Gente, eu vou enlouqueceeerrr...

– Eu acho que ele é *gay* – desabafou Betina, com sua sinceridade.

– Nossa, não seja tão radical!

Passamos a noite toda inventando teorias e desculpas para o Tony não ter se declarado para mim.

Sábado à noite. Uma lua de dar inveja, eu assistindo *Meu primeiro amor*, e comendo uma panela de brigadeiro. Eu só fazia isso quando ficava apaixonada, e, além de apaixonada, eu estava arrasada, pois fazia duas semanas que ele não me procurava.

Meia-noite. Meu celular tocou, e era o Tony. Perguntou se podia passar na minha casa. Se não rolasse naquele dia, não rolava mais. Arrumei minhas bagunças, tomei um banho, coloquei uma roupa sensual e esperei meu príncipe. A campainha tocou, mas logo brochei. O Tony estava com uma cara péssima, e parecia nem ter reparado no meu visual.

– Nossa, Tony, que cara é essa?

– Desculpe te atrapalhar a essa hora... Acho que você estava de saída – disse, me medindo dos pés a cabeça (nem imaginava que eu tinha me vestido pra ele).

– Que isso... Acabei de chegar... Sente aí. Quer um vinho?

– Sim, sim, eu preciso beber. Eu *tô* precisando muito falar com você.

– Eu também – estava prestes a me declarar.

– Pode falar você, então – disse ele.

Mas eu não podia me declarar antes de saber o que ele ia dizer... Ele começou a falar:

– Di, você se tornou uma grande amiga pra mim, nesses últimos meses, e eu não tinha a quem recorrer...

Como assim, amiga?!

– Acabei de descobrir que vou ser pai...

Pai?! Ele me enganou esse tempo todo?

– ... é que eu me separei da minha noiva há três meses, e eu não sabia que ela estava grávida. Ontem, nos reencontramos, e ela me contou. O que eu faço?

O que eu, apaixonada por aquele homem prestes a ser pai, ia dizer? Banquei a amigona e dei alguns conselhos para ele, que caiu no meu colo a chorar. Daquele momento em diante, minhas esperanças se foram junto com a gravidez da Joana, minha concorrente.

Eu tinha que dar um fim naquela paixão. Resolvi procurar o Tony e me declarar. Fomos a um bar:

– Tony, é muito difícil o que eu vou te dizer, mas é preciso, para que a gente possa continuar a amizade. Eu me apaixonei por você. Antes que diga algo, sei que confundi os sentimentos... Achei que você poderia se interessar por mim, e criei falsas esperanças... Já *tô* tentando te esquecer... Mas, eu não quero te perder, ou melhor, perder nossa amizade, porque você é muito especial...

O Tony se calou por alguns minutos, e logo me disse...

– Você acha que eu ia ser louco de perder a amizade de uma mulher maravilhosa como você? Saiba que essa não é a primeira vez que isso acontece... Acho que ser amigo de uma mulher, hoje em dia, não é muito comum, né? Agora, não sei se você vai se sentir bem ao meu lado...

– Claro que vou... Por isso, achei melhor dar um fim no meu amor platônico por você, e começarmos nossa amizade, fechados?

Foi aí que nossa história começou... Hoje, Tony é um dos meus melhores amigos. A filhota dele está para nascer, vou ser a madrinha e sou íntima da Joana (a concorrente). O amor, porém, se foi, e eu nunca mais senti nada por ele, além de admiração...pensando bem, confesso que, se ele desse mole, caía na rede fácil, fácil.

Heterogay

Depois que os homens descobriram a lipoaspiração, o implante de cabelos, o Viagra, os tratamentos estéticos e a palavra metrossexual, a vaidade deixou de ser exclusividade do clube da Luluzinha; o Bolinha também se interessou pela coisa.

E como tudo tem dois lados, há uma vantagem e uma desvantagem nisso. A vantagem é que é bem melhor ficar com um homem de barba feita, cheirando a perfume, do que com um porco espinho exalando graxa. A desvantagem, porém, é que os homens que fazem parte desse clubinho ficaram mais sensíveis e criaram um novo gênero: os heterogays. Uma mistura de homem – pela preferência sexual por mulheres – e de *gay* – pela sensibilidade aflorada. O Thomas foi um desses que passaram pela minha vida; por causa dele que descobri esse clube.

A Lili havia ganhado de uma amiga um par de ingressos para uma exposição de arte. Eu nunca curti muito esse papo de arte, talvez pela ignorância, mas como, pelas amigas, a gente faz de um tudo, eu fui.

Chegando lá, havia muitas pessoas que, só de bater o olho, percebia-se que ganhavam dez vezes mais do que eu, pertenciam ao clube dos VIPs. E eu parecia um peixe fora d'água, mergulhada naquele mundinho privado, e naqueles comentários que eu não entendia. Fazia cara de quem estava entendendo tudo e fingia estar superinteressada.

– Lindo esse, não? Manet, um dos meus pintores favoritos... A liberação do ser e o caos da Terra ... Perfeito esse quadro, gosta dele, também?

Olhei para o lado e me deparei com um deus de ébano, saído de algum daqueles quadros. Era o Thomas: 1,90 m, olhos cor de mel, pele queimada de sol, lisa como bunda de nenê, cabelos repicados, numa mistura de gel com escova, ou algo assim... Ele me estendeu as mãos e se apresentou:

– Thomas, prazer.

– Diana!

– Diana... Nome lindo. Então, gosta de Manet?

– Eu?! Adoro – não fazia a mínima ideia de quem era esse tal aí, mas por um homem lindo daquele, eu saberia de tudo.

Thomas começou a me explicar tudo sobre o tal do artista. E fomos andando pela exposição e conversando. Ele disse que adorava arte, que colecionava quadros e que estava lá para comprar mais um. Ao final do passeio cultural, ele me deu seu telefone e disse que me ligaria para que a gente pudesse sair para jantar e falar mais sobre arte.

No dia seguinte, Thomas me ligou. Era a primeira vez que um cara me ligava um dia depois do encontro.

– Thomas?!

– Achou que eu ia demorar uma semana para ligar?!

– É, é...

– Jamais faria isso com uma dama. As mulheres não merecem esperar tanto.

Aquele homem não existia!

– Te pego às oito?

Eu estava ferrada. Nem tive tempo de acessar o Google para pesquisar um pouco mais sobre o tal do Manet, acho que é isso. O que eu ia falar num jantar com um homem tão culto? Porém, preferi esquecer a internet, e investir no visual. Corri para o salão do Beto, fiz uma escova, tirei cutícula, fiz maquiagem, voei para casa, tomei um banho, e, às 19h55, meu interfone tocou. Era ele.

– É francês, né? Deixa eu adivinhar... *Sherra*?

Como ele havia adivinhado o meu perfume? Seria igual de alguma outra de suas amantes?

– Você está magnífica nesse vestido vermelho da Portier.

Peraí, o cara acertou o meu perfume e a marca da minha roupa, sem ao menos ver a etiqueta? Só podia ser um enviado de Deus.

Ele me levou para um dos restaurantes mais disputados da cidade e, ao chegar, nossa mesa já estava reservada, à luz de velas, com vista para a represa, e com um vinho que eu nunca havia visto na vida em cima da mesa. Além, claro, das centenas de talheres. Para comer, Thomas escolheu um prato com nome difícil, mas que, segundo ele, era dos deuses. Enquanto o prato dos deuses não chegava, a gente conversava:

– O que você faz, Diana?

Eu não podia dizer que era modelo, porque estava um pouco acima do peso.

– Sou publicitária. Trabalho numa agência no centro.

– Poxa, que legal... Deve gostar de artes então?

– Claro, adoro – uma mentirinha não faz mal...

– Sabe aquele quadro do Manet? Comprei uma réplica. Você precisa conhecer a minha galeria de arte.

– E você, fale um pouco de você.

Thomas tinha 35 anos e era diretor de uma multinacional. Falava quatro línguas, conhecia o mundo inteiro, adorava arte... Era tudo o que eu havia pedido a Deus. E por falar nisso, o prato dos deuses havia chegado:

– Prove. Você vai adorar. O *chef* deste restaurante é incrível! Fui eu que o indiquei. O conheci num curso de gastronomia, na Itália...

Era demais, ele sabia cozinhar. E eu, que só sabia fazer miojo?!

O jantar foi maravilhoso e, ao contrário da maioria, ele me levou para casa, e não insinuou nada. Apenas me convidou para que eu fosse jantar na casa dele.

– Amiga, esse cara é *gay*... – dizia Betina.

– Ah, não é pra tanto...

– Pensa bem, Di... O cara é superentendido em arte, sabe cozinhar, adivinhou seu perfume, a marca da sua roupa... É muita sensibilidade para um homem só.

– Ai, Lili, ele é só diferente!

Minhas amigas adoravam teorizar sobre os caras que eu conhecia, e aproveitaram aquela tarde para meter o pau no Thomas.

– Bem, hoje você vai tirar a prova dos nove, né? Tenta dar uma escapadinha, e veja se ele não tem calcinhas na gaveta! – ironizou Betina.

O Thomas havia me convidado para um jantar na casa dele. Casa não, é modéstia. Parecia um palácio. Era linda, cheia de flores (!), e mais limpa do que o meu apê. Ao chegar, ele me serviu um vinho do Porto, e ficamos a conversar na *big* cozinha dele, enquanto ele cozinhava:

– Nossa, acho tão bacana quem sabe cozinhar... Eu não sou muito boa na cozinha...

– Nada que um bom curso de gastronomia não cure... Eu não sabia fritar um ovo... Prove, o que acha? – dizia Thomas, com uma colher de pau cheia de molho, que ele levava a minha boca.

– Hmmm, delicioso! Ops... babei – que ridículo, eu babei.

– Seque aqui... Nossa, você já fez *peelling*? Seria ótimo para a sua pele... Eu faço um tratamento dermatológico toda semana... É pele de bebê na certa.

Não podia ser. O cara cuidava da pele? Dermatologista? E ainda insinuou que eu tinha uma pele horrorosa? E não parou por aí; descobri que ele já tinha feito duas lipoaspirações, malhava todos os dias, fazia progressiva nos cabelos, e seu próximo plano era colocar botox nas bochechas. Acho que as meninas estavam certas. Ele era *gay*!

No final do jantar, ele me levou para conhecer sua galeria de arte, que deveria ser do tamanho do meu apartamento. O tal do quadro do Manet era apenas mais um, entre os cem que ele tinha. Ele passou umas duas horas falando sobre cada um deles, onde comprou, o porquê, de quem era... Todas as aulas de Arte que eu cabulei na faculdade estavam sendo repassadas ali.

Lá pelas três da manhã, pedi para ir embora. Thomas pediu para que eu ficasse. Arrumou o quarto de hóspedes para mim, que mais parecia um hotel. Ao dizer boa-noite, cheirou os meus cabelos, adivinhou o meu xampu, e me beijou. Foi um beijo diferente, um beijo sensível... Nenhum homem tinha me beijado assim antes.

Pela manhã, acordei antes do sol raiar, e comecei a andar pela casa, para tentar achar alguma coisa que comprovasse a homossexualidade dele. Não havia encontrado nada. Nenhum bilhete romântico do Betão. Apenas muitos livros sobre arte, gastronomia e discos das minhas cantoras favoritas.

– Já acordada?! – disse Thomas, que me assustou, e quase me fez cair dura, ao vê-lo de toquinha na cabeça, robe vinho e pantufas nos pés.

– Perdi o sono – disse, encabulada, ao ser flagrada mergulhada nos discos dele.

– Esse é o melhor disco da Cher... Ela é demais, uma diva...

Tomamos nosso café da manhã ao som de Cher. Ele sabia todas as letras, e não errava a pronúncia. Ele insistiu para que eu ficasse para o almoço, mas aquela sensibilidade toda já estava me sufocando. Saí de lá cheia de cartões de visitas e telefones de academias, esteticistas e cursos de gastronomia.

– Eu não aguento mais! Faz dois meses que estou malhando como uma louca. Já procurei mil e um dermatologistas, estou vendo programas culinários, comprei um livro de artes... É demais para mim... Eu me rendo... A concorrência é acirrada demais... Não dá para competir com toda essa sensibilidade do Thomas... O cara venera a Cher... Canta *Like a Virgin* no banheiro... Faz as minhas unhas... E até agora não me levou para cama... Preciso dar um fim nisso.

– Realmente, amiga, o cara é perfeito, mas é perfeito demais, não acha?

– Olha, Betina... Eu sempre pedi a Deus um cara como o Thomas, mas, agora que eu tenho, não é bem isso que eu quero... Eu não sei se ele é meu namorado, meu amigo, meu amante... Nem sei se ele gosta de mulher mesmo... E se ele estiver querendo mudar de lado um pouco? Vai ver, ele só ficou comigo para saber como é!

– Se eu fosse você, tirava essa angústia do peito e perguntava para ele, de uma vez por todas, se ele é ou não é!

E foi o que eu fiz. Segui o conselho da Lili e fui até a casa do Thomas. Chegando lá, ele se assustou com a minha presença, pois estava numa sessão de massagens. Educadamente, porém, pediu que eu entrasse. Tive de esperar uma hora, a mais angustiante de toda minha vida.

– Oi, Diana, que surpresa – disse ele me dando um beijo – O que te traz aqui?

– Não dá mais, Thomas!

– O quê não dá?

– Tem uma dúvida que está rondando a minha cabeça desde o dia em que eu te conheci, e eu não aguento mais esconder isso.

– Quer saber se eu sou *gay*, é isso?

Como ele sabia? Será que tinha o dom de adivinhar pensamentos também?

– Todas sempre querem saber isso... Fico me perguntando para que as mulheres lutaram tanto, queimaram sutiãs... E, quando conseguem o que tanto pediram, se assustam.

– Mas nós não pedimos você!

– Todas sempre dizem isso. Mas a minha vaidade sempre incomoda a todas, e o fim é sempre o mesmo. Elas vão embora e voltam para o mundo dos brutamontes.

– Desculpe, Thomas. Tente me entender.

– É o que eu faço constantemente... Tento entender as mulheres, mas, quando as entendo, elas fogem de mim... Pode fugir também... Eu sei que você quer, mas, para que não fique encucada... Eu não sou *gay*... Amo as mulheres, e tudo o que faço é para entendê-las... Você viu aquela foto, lá na galeria? Minha ex-esposa... Fomos casados por cinco anos... Cinco anos felizes, mas quando resolvi entendê-la, ela também se foi.

Saí de lá superdeprimida. O Thomas havia acabado comigo. Talvez ele tivesse razão. Nós, mulheres, sonhamos tanto com um homem que nos compreenda, que repare quando cortamos dois dedos de ponta nos cabelos, que saiba cozinhar, que goste não só de falar de futebol... E, quando o encontramos, fugimos?!

Pensando bem, acho que vou continuar a fugir... Talvez eu ainda prefira o homem das cavernas, porque o que gosta da Cher é demais para mim!

T.P.M: Tenham Paciência Meninos

Mais uma daquelas frases óbvias, porém, verdadeiras: TODA MULHER TEM TPM! O simples fato de dizer que não tem TPM é um sintoma da tensão pré-menstrual. Que nome mais filosófico para uma coisa tão chata!

Eu me considero uma mulher mutante, pois todo mês os sintomas são de um jeito. Há meses em que quero me isolar, em outros, choro como uma manteiga derretida, estouro por qualquer motivo ou me afogo numa caixa de bis. É um saco, não dá nem pra calcular o que vem...

E aquele, com certeza, era mais um dia em que eu estava prestes a explodir. Se alguém me falasse "Bom-dia", eu perguntaria o porquê! O dia estava bem péssimo para mim. Meu chefe só encheu o saco o dia todo, quebrei o meu salto na escada do prédio, esqueci de pagar o condomínio e ainda encontrei a Lili me esperando na porta do meu apê:

– Oi, Di! – disse ela sorrindo.

– Oi! O que você quer?

– Nossa, parece que alguém está de...

– TPM?! Isso mesmo, estou de TPM, e nem vem me encher o saco, porque eu não estou boa...

Ainda bem que minhas amigas me compreendiam e tratavam de dar o fora quando eu estava com esse baita mau humor. Senão, eu seria a pessoa mais solitária da face da Terra!

Minha TPM costuma ser longa. Ocorre antes, durante e alguns dias depois (algumas vezes). Por ser inconstante, nunca sei se estou realmente irritada, ou se é a danada da TPM. Já arrumei sérias confusões por causa disso, cheguei até a achar que eu era anormal; mas nada que em uma semana não se cure.

Certa vez, voltando do trabalho – quase dez da noite – depois de uma reunião interminável na agência, saí voando, louca pra chegar em casa. A Paulista, porém, estava parada. "Que droga, quem são os infelizes que querem fazer trânsito numa segunda-feira à noite? ". Para ajudar, o carro que estava atrás de mim quis desviar o caminho, saiu afobadinho e bateu na minha traseira. Desci do carro na hora, parecia uma loba defendendo os filhotes:

– Você *tá* louco? Tirou carta por correspondência? Não olha, não? Que droga... *tá* todo mundo com pressa também...

Falei tanto, mas tanto que minha raiva me cegou, e eu nem de dei conta de que o velho estúpido que eu estava xingando era... O meu chefe. Foi a cena mais patética e ridícula de demonstração de TPM em todos os tempo. A sorte é que ele levou na esportiva e falou que ia esquecer os "elogios". TPM FEROZ!

Pior que a ferocidade da minha TPM era quando ela se sentia só e chamava companhia. Não tem coisa mais chata do que quando eu, Lili e Betina menstruamos juntas. Até nisso somos unidas. Certa vez, ouvi dizer que mulher disputa até nisso. Pode reparar: ambiente com muita mulher, uma menstrua atrás da outra. É aquela maravilha!

– Me passa o sal, Lili.

– Porra, mas o negócio *tá* do seu lado Betina!

– Custa?! Vai doer o seu braço, você não faz nada o dia todo e fica dando uma de cansada...

– *Tá* me chamando de vagabunda, Betina Maria?

– Nossa, gente quanto estresse. Olha a amizade...

– Que amizade, Diana, essa menina *tá* muito folgada.

– Gente, não briguem... Olhem o escândalo... Amigas, paz!

Era daí pra pior. As duas quase se pegavam, e eu sempre chormingava, implorando pela paz. Era uma cena ridícula também. Para evitar esses *showzinhos* hormonais nos botecos, decidimos que, quando a TPM atacasse unida, a gente não se encontrava. Era melhor para o bem da humanidade... mas, naquele dia, a Lili se esqueceu dessa regrinha...

– Nossa, Di... Não me trata assim, *tô* carente... Preciso conversar...

– Ai, Li... Não *tô* com cabeça... O dia foi péssimo, meu chefe me irritou, quebrei o salto da minha sandália nova naquela escada velha lá do prédio... O mundo *tá* virado hoje, sabe?

– Mas, amiga... Só você pode me ajudar...

– Implorando desse jeito... Vai, sobe!

Enquanto eu tomava banho, colocava meu pijama de ursinho e preparava um miojo, a Lili choramingava...

– Ninguém me quer, Di... Cheguei a essa conclusão. *Tô* ficando velha, acabada... Eu preciso de um marido. Meus filhos vão me chamar de vó?!

– Quem te deu um pé na bunda dessa vez?

– O Otávio.

– Não creio que você me aluga a essa hora da noite para falar daquele canalha do Otávio?! Eu tenho mais o que fazer Li! Amanhã, eu trabalho. Não posso me dar ao luxo de passar o dia correndo atrás de vagabundo, não... Eu tenho conta pra pagar...

– Poxa, Di...

– Poxa, o quê, Li? Você não *tá* cansada de saber que ele não vale nada? E mesmo assim você insiste. Bem-feito. Ponto pro Otávio. *Tô* torcendo pra ele agora!

– Credo! Não precisa ser grossa... Vou embora.

– Vai tarde, e vê se não bate a porta.

TPM e Lili chorando pitanga às onze da noite por causa do Zé mané do Otávio, ninguém merece. Três dias depois, estava tudo resolvido, e a gente estava de bem de novo, até a próxima TPM...

Nossa! Muitos homens já sofreram comigo por causa da minha TPM. Como eu nunca sei o que me espera nesse período, prefiro não avisar antes. O Davi, coitado, foi um dos que mais sofreu, e o nosso romance acabou por causa da TPM. A gente estava de rolinho há dois meses, e ele me convidou para ir ao aniversário da mãe dele. Disse que ia. No dia e na hora combinada, lá estava o Davi, e eu, deitada no sofá, de pijamas...

– Ué, não se trocou ainda?

– Eu não vou.

– Como não vai?

– Não *tô* afim.

– Mas a gente se falou hoje cedo, e estava tudo certo.

– Mudei de ideia.

– Como assim?! *Tá* louca? Minha família inteira está te esperando.

– Ah, inventa uma desculpa, diz que eu *tô* doente... Mas eu não quero ir... Vamos ficar aqui, alugar um filme...

– Diana, é aniversário da minha mãe!

– Ai, Davi, eu sei... Não precisa repetir, mas ela fica velha todo ano...

– Olha como fala, hein... Vai logo, se troca... Te dou 15 minutos!

– Davi! Eu não vou, eu não quero, não *tô* afim... Ou melhor, não *tô* mais a fim de ver você, sai daqui, você já me encheu, vai apagar a velinha da mamãe...

– Você é louca!

É, eu realmente era. E perdi um bom partido por causa das loucuras da minha tensão pré-menstrual. Mas, poxa, meninos, vocês têm de entender. Alguns entenderam, mas outros não sobreviveram até a próxima TPM.

Nada é pior que o fim

Eu sempre odiei levar foras, mas odeio mais ainda dar o fora. Como é horrível terminar um relacionamento. Acho que não inventaram nada pior. Devia ser tudo mais fácil. As pessoas deveriam se olhar e dizer: "Não quero mais, tudo bem?". E cada um seguiria sua vida, sem maiores constrangimentos, sem choro, nem vela. Infelizmente, não é assim!

Já levei muitos foras na vida, confesso! Foras de diversos tipos: leves como "É melhor assim", em que você fica meio mal, mas é só o cara virar as costas, que você já telefona para uma amiga, como se nada tivesse acontecido, e parte para a balada. Sutis, do tipo educado, mas sincero: "Não é nada contra você, mas..,". Mas o quê? Esses deixam a gente cheia de caraminhola na cabeça por um tempo, mas nada que um bom chope e uma reunião com as amigas não curem. Graves são aqueles que te deixam uma semana na cama, chorando, e dos quais você não esquece jamais.

Nem gosto de lembrar dos foras que já levei, mas, como diz alguém por aí: "Tudo que entra, sai". E muitos já saíram de uma forma, ou de outra da minha vida. Alguns deixaram marcas que a brisa apagou, outros deixaram eternas tatuagens que, mesmo que eu tente esconder, sempre arranjam um jeitinho de aparecer.

Contudo, tenho de confessar: o que eu mais odeio é dar um fora. Não um fora num ficante, ou num cara que não presta; isso eu tiro de letra. Mas dar um fora num cara legal, naquele que é tudo que você sempre sonhou, e que, porém, na sua loucura de mulher, naquele momento de sua vida ele não tem a menor graça. É legalzinho, mas não rola!

O César foi um desses legais que não rolaram. Eu estava solteira fazia já uns três meses. A carência – a vontade de ouvir uma voz masculina do outro lado do telefone, de ter alguém para te levar para passear, essas coisas – já começava a dar sinais cada vez mais fortes. Numa dessas, conheci o César. Num daqueles lugares e dias inesperados.

A Paulinha, uma amiga, tinha um churrasco na empresa, e não queria ir sozinha. Eu não estava nem um pouco a fim, além do mais estava chovendo e o bendito do sítio ficava a umas duas horas de viagem, mas o que a gente não faz por uma amiga?! Eu fui!

Não conhecia ninguém e tive de ficar dando risadinhas daquelas piadinhas compreensíveis apenas para quem trabalha na empresa. Foi quando resolvi dar uma volta e encontrei o César. Ele estava sentado frente à piscina, e começamos a conversar sobre o tempo ou coisa parecida. Quando me dei conta, já havíamos trocado telefone, e a festa também já tinha acabado.

O César era o tipo do cara certo que aparece na hora errada. Ele era gerente administrativo da empresa em que a Paulinha trabalhava, 35 anos, divorciado (pra variar), morava sozinho, falava três línguas, conversava sobre qualquer coisa e sabia agradar uma mulher. Saímos pra jantar algumas vezes e, aos poucos, percebi o quão especial ele era. Ele era o genro que mamãe pediu a Deus, e o pai ideal para meus filhos, com um detalhe apenas: eu nunca quis ter filhos.

A gente se dava muito bem. Eu gostava de MPB, ele também. Eu curtia ficar horas conversando sobre política, ele também. Se eu não queria sair, ele entendia. Alugava um DVD, comprava umas pizzas, e passava a noite toda comigo. Nossos gostos, ideais, pensamentos e tudo o mais era igual. A cada dia que passava, o César se envolvia mais e mais comigo, mas, eu, não sei por que, achava que ainda faltava algo...

– Você está louca? Como assim não quer mais ficar com o César?

– Não sei, Paula... Ele é legal, mas...

– Mas nada! O César é perfeito. Você não tem noção do quanto aquele homem é disputado naquela empresa, e ele não dá mole para ninguém. É Diana pra cá, Diana pra lá, e você me diz que não quer mais?

– Eu sei que ele é um cara legal, bonito, inteligente, mas falta alguma coisa...

– Falta ele sumir da sua vida, não é? Se ele não te ligasse, sumisse, te traísse, te tratasse com desprezo... Você ia gostar, não ia? Eu não entendo nós, mulheres!

– Não diga isso, Paula. Eu estou confusa, você acha que é fácil abrir mão assim...

– Então, não abre! Olha, eu não te digo mais nada. Pensa bem, porque essa forma já foi jogada fora viu?

Só eu sei o quanto ensaiei para dizer que não queria mais. Porém, quando percebi que já estávamos praticamente namorando, e quando ele veio com aquele papo de que queria que eu conhecesse a mãe dele, eu decidi cair fora:

– Olha, César, eu não quero te magoar, mas acho que a gente está indo rápido demais com as coisas...

– Como assim rápido? Faz oito meses que a gente está junto!

– Eu sei, mas acho que não estou preparada pra encarar um relacionamento assim tão profundo como o nosso.

– O que eu te fiz? Eu fiz alguma coisa errada?

– Pelo contrário, você só fez coisa certa. O problema não é você, é comigo.

– Então me diz o que eu posso fazer pra te ajudar?

– Nada. Você não pode fazer nada. Eu acho melhor a gente se afastar.

– Mas, Diana... Ontem, estava tudo tão bem... Eu achei que você estava gostando de mim.

– E estou, mas... Não sei, estou confusa e não quero te magoar.

– E você acha que eu vou ficar bem sem você?

– César, não complique as coisas.

– Quem está complicando aqui é você... Eu sei muito bem o que eu quero!

– Vamos tentar, Diana? Eu tinha tantos planos pra gente.

– Nossa, mas a gente se conhece há apenas oito meses.

– Só que você me balançou de uma forma... Nem minha ex-mulher foi capaz...

– César, me deixa pensar... Vai ser melhor assim.

– Tudo bem, eu não vou mais forçar a barra. Você sabe onde me encontrar. Quando tiver uma resposta, é só ligar. Estarei esperando... Tchau!

Acho, de verdade, que ele realmente esperou... O problema é que eu não liguei. Fiquei sabendo pela Paula que ele sofreu bastante e que, três meses depois, foi transferido para uma filial da empresa no Rio de Janeiro e nunca mais nos falamos.

O César era um cara legal, e espero que ele tenha encontrado alguém capaz de fazê-lo feliz porque, infelizmente, eu não pude. Ai, meu Deus, será que não vou achar mais nenhum César por aí? Só que, se for mandar, que seja na hora certa, *tá*? Será que estou pedindo demais?

Ciúme é bom, mas na medida certa

Eu sempre achei que ciúme fosse uma das mais belas provas de amor... Até conhecer Ricardo, o cara mais ciumento de toda a face da terra. Antes de conhecê-lo, eu achava lindo ter um homem me ligando de cinco em cinco minutos, que me buscasse no trabalho todos os dias e que fizesse ceninhas de amor, quando um cara assobiava para mim na rua. Mas o buraco era bem mais embaixo com o Ricardo:

– Caramba, Diana, a gente não *tá* aqui nem quinze minutos e esse cara já te ligou mais de vinte vezes?! – reclamava Betina, num desses nossos encontros religiosos nas sextas-feiras à noite, no bar do Pedrão.

– Ai, gente! Ele é um cara preocupado – eu respondia, toda sem graça, tentando esconder das minhas amigas o ciúme doentio do Ricardo.

– Ele é maníaco, isso sim...! Daqui a pouco, ele te proíbe de sair de casa – falava Lili, irritada.

Naquele momento, achei que minhas amigas estavam exagerando, mas, quando olhei para porta do bar, e vi que o Ricardo estava lá, concluí que não se tratava de exagero, e sim de um caso de saúde pública:

– O que você está fazendo aqui? – perguntei, aproximando-me dele, na porta.

– Ué, vim te ver... Não posso? – disse ele, com a maior cara lavada e vasculhando o bar como quem procura algum vacilo meu.

– Claro que pode... Mas eu não te falei que hoje eu ia encontrar minhas amigas?

– E por que não podia me ver? – respondeu, com cara fechada.

– Ricardo, a gente se vê todos os dias! Eu preciso de um momento de privacidade

– Pra quê? Pra ficar galinhando com essas suas *amiguinhas*? – olhava Ricardo, com desdém para as meninas que estavam na mesa, com cara de preocupadas.

– Olha como fala... Eu não sou como essas menininhas com quem você costumava se relacionar!

– O que está acontecendo, Di? – perguntou Betina.

– Nós vamos embora – disse Ricardo.

– Como assim, nós?! – perguntei.

– Isso mesmo, e agora! – disse Ricardo, pegando no meu braço e praticamente me arrastando.

Aquele foi o ápice do cúmulo do ciúme. O cara queria disputar com minhas amigas. Lembro que fomos quebrando o maior pau no carro até chegarmos na porta do meu apê. E, como se nada tivesse acontecido, ele pediu para subir. Eu apenas bati a porta do carro na cara dele e saí.

Achei que estivesse livre do Ricardo, pois eu não o procurei por uma semana. Ele, porém, mandou um buquê de flores para a minha casa, pedindo desculpas. De coração mole, acabei aceitando, mas impus alguns limites, que ele pareceu aceitar à primeira vista. Mas, foi só à primeira vista mesmo!

Para testar sua resistência ao ciúme, convidei Ricardo e minhas amigas para bebermos uma cerveja no bar, num sábado à noite. Como ele sempre andava em bando, levou outros três amigos (chatíssimos, por sinal) com ele.

No começo, a experiência parecia estar indo bem. Um dos amigos do Ricardo até se interessou pela Lili, mas, como ela só tem olhos para o Otávio, só dava fora no cara. No meio da noite, a cerveja começou a fazer efeito. Eu não parava de ir ao banheiro. Numa dessas, percebi que um carinha, da mesa ao lado, não parava de me olhar, e fez questão de me secar quando levantei. Na volta, confusão, na certa...

– Que tanto você vai ao banheiro? – perguntou Ricardo, fazendo questão de falar em alto e bom som para todos da mesa e do bar ouvirem.

– Que isso, Ri... Beber cerveja dá nisso... – respondi, envergonhadíssima com a situação.

– Então, acho bom parar de beber, porque EU não quero que você vá ao banheiro mais!

Aproveitei as cinco latinhas que já tinha tomado e comecei a provocar...

– Posso fazer xixi em você então?

Todos riram, e ele ficou irritado, com cara de bobo. Tentando disfarçar o fora, levantou-se e foi ao banheiro. Os amigos aproveitaram para ir junto. Acho que um sacudia o do outro.

Nessa hora, o carinha da mesa de trás se aproximou, e me ofereceu uma cerveja. Mas, no mesmo momento, Ricardo voltava do banheiro. Não teve meias palavras, ele foi logo socando o cara. Resultado: arrumou o maior barraco no bar, fomos expulsos e levados à delegacia.

– Di, esse cara é maluco! Olha só o que ele fez! – dizia Betina, irritada. Eu esperava tudo, menos acabar a noite numa delegacia! Eu vou embora, você vai comigo?

Achei que era melhor esperar o Ricardo. Fomos juntos para casa, e resolvi não comentar nada. Não era uma boa hora, mas eu tinha que me livrar daquele louco. Na manhã seguinte, durante o café...

– Ricardo, a gente tem de conversar... Eu e você...

– Me desculpa, Diana, não termina comigo – ele começou a chorar, como um garoto de três anos que teve o pirulito roubado.

– A gente não vai dar certo... Eu sou uma mulher independente, livre... E você quer alguém para domar; eu não sou essa mulher.

– Eu vou mudar.

– Ricardo, já perdi muito tempo na vida esperando mudanças. Agora, eu quero atitudes. Por favor, não dramatize. Vai embora.

Ele pegou as coisas, e me ameaçou, dizendo que isso não ficaria assim. Mal eu sabia do que ele seria capaz. Ele, simplesmente, me ligava todos os dias, pedindo para voltar; me seguia até o trabalho, aparecia na porta do meu prédio... Tornou a minha vida um inferno.

– Gente, eu não sei mais o que faço. Eu virei uma prisioneira em minha própria vida! O Ricardo não para de me perseguir.

– Isso é orgulho de macho ferido. Ele não quer admitir que perdeu.

– Não, isso é loucura mesmo, Betina... Mas, desde o começo, eu disse que não ia dar certo, e você não me ouviu né, Di? – disse Lili.

Realmente, mais uma vez eu quis ouvir apenas a voz do coração e me dei mal. Desde o primeiro encontro, o

Ricardo demonstrou quem ele era, mas eu, simplesmente, resolvi ignorar os sinais, e ouvir apenas meus hormônios. Agora, lá estava eu, sem saber o que fazer.

Num desses dias em que saí tarde do trabalho, quando ia para o estacionamento pegar carro, avistei o Ricardo, parado do outro lado da rua. Fingi ignorá-lo, mas ele atravessou e veio até mim:

– Me solta, Ricardo.

– Para de fugir de mim, Diana!

– E você para de me seguir!

– Eu só quero você.

– Mas eu não! Ricardo, eu não quero te magoar, mas admita que não dá mais. Eu não sou mulher pra você, e você não é homem para mim. Foi um erro a gente se envolver. Eu não aguento seu ciúme, e você não suporta a minha liberdade.

– Mas eu aceito mudar.

– Você nunca vai mudar, você é assim, admita! Vamos aproveitar que ainda resta um mínimo de consideração entre nós, e ponto final. Tchau, Ricardo... E se você continuar a me procurar, vou ser obrigada a te denunciar para a polícia.

Virei as costas e fui embora. Confesso que, nos dias seguintes, fiquei morrendo de medo de o Ricardo me procurar novamente. Mas acho que ele me ouviu ou arrumou outra, mais gostosa do que eu. Depois dele, sempre peço a Deus, nas minhas orações, para que meu príncipe nem saiba o que é ciúme, pois prova de amor assim eu não quero nunca mais.

Almoço em família

Domingo era dia de almoço em família. Pelo menos uma vez por mês, minha mãe fazia questão de reunir os três filhos em volta da mesa, para comer a tradicional macarronada da *mama*. E esse era o tipo de evento do qual eu não conseguia fugir, mesmo conhecendo todo o *script*.

Os preparativos

O ritual era sempre o mesmo. Na segunda-feira, minha mãe ligava para que eu não esquecesse o almoço...

– Oi, filha, não esquece hein? Domingo tem almoço lá em casa.

– Pode deixar, mãe, eu não vou faltar.

Mesmo dizendo que essa data já estava anotada com caneta vermelha na folhinha do meu calendário, minha mãe insistia em me ligar, achando que eu ia me esquecer.

Eu sempre era a última a chegar, e logo ia ouvindo as broncas da minha mãe, com seu avental sujo de molho, colher de pau nas mãos, guardanapo nos ombros...

– Eu não disse que era meio-dia, Diana?! Você não tem jeito mesmo! – dizia ela, apertando minha bunda e me dando um abraço.

– Não está vendo a cara dela, mãe? Deve ter ido para a balada ontem...

Se não bastassem as broncas e cobranças da Dona Suzete, minha querida mãe, Marisa, minha irmã mais velha, insistia em se achar no direito de me recriminar.

Ela sempre foi a perfeitinha da família. Aos 35 anos, já era mãe de três lindos pestinhas: Gustavo, de dez anos (o terrível), Ana Luísa, de oito anos (meu xodó) e Lucas, de dois anos. Minha irmã era casada há dez anos com Arnaldo, meu querido cunhado. Gordo, dono de um posto de gasolina e pão-duro.

– Esse almoço sai, ou não sai?! – perguntava meu pai, Seu Matias – Minha menina!

Eu sempre me dei melhor com meu pai do que com a minha mãe. Na verdade, acho que ele sempre me paparicou mais; ele me entendia mais. Na adolescência, quando tinha uma crise, logo corria para o colo dele e contava tudo. Até hoje, acho que ele é a única pessoa que me entende.

Ao ouvir a minha voz, os pestinhas vinham logo correndo...

– Tia Dianaaa... – caíam em cima de mim e a gente rolava, feito criança, no chão da sala.

Eu era a tia maluquinha e querida deles (mesmo sendo a única!). Para agradar, sempre levava alguns doces para eles; e minha irmã só deixava comer depois do almoço. Mas, às vezes, a gente se escondia no quarto da

Lurdinha, a empregada, e se empanturrava de chocolates antes da macarronada. Mesmo sendo uns pestinhas, eu adoro meus sobrinhos.

O ALMOÇO

– *Tá* na mesa! – gritava minha mãe.

– Ué, cadê o Paco? – perguntava.

O Paco era meu irmão caçula. Vagabundo nato, à beira dos 25 anos. Não estudava, não trabalhava e vivia às custas dos meus pais. Acho que a única coisa boa que ele fez na vida foram seus dois filhos (gêmeos), Davi e Mateus, nascidos de uma das escapadas dele. Eu mal via os dois, só quando a Lara (mãe deles) resolvia vir cobrar pensão na casa de meus pais.

– *Tô* chegando, minha gente... E aí, maninha?

Quando todos conseguiam sentar-se à mesa, montada pela minha mãe no quintal, era uma zorra completa. Um pedindo o macarrão, o outro, o queijo, a Marisa brigando com o Gustavo para não puxar o cabelo da Luísa, minha mãe levantando sem parar da mesa, porque ela sempre esquecia algo, o Arnaldo reclamando que estava cansado demais, e pedindo para a Marisa fazer o prato dele, meu pai paparicando o Lucas, o Paco contando vantagens, e eu no meio daquela minha família confusa.

– E aí, cunhada, vai casar quando? – esse era o tipo de pergunta que sempre me faziam, e que sempre me irritava.

– No dia de São Nunca, cunhado... Os homens não me querem...

– Também, quem é o louco que vai querer você, né? – dizia Paco.

– Não fale assim, filho... Fiz novena para Santo Antônio de novo, filha.

– Mãe, eu já disse para parar de fazer essas coisas...

– E aquele carinha... O... O César? – perguntava Marisa.

– Sumiu.

– Porra, desiste maninha... – dizia Paco, às gargalhadas.

– Poxa, gente, deixem a Diana em paz... Quando tiver de ser, será.

– Isso mesmo, pai... Eu estou muito bem sozinha.

– Deve estar tendo um caso com aquelas suas amigas solteironas desesperadas... – provocava meu irmão.

– Olha como fala das minhas amigas, moleque! E você? *Tá* fazendo o quê da vida? Posso não ter namorado, mas trabalho, pago minhas contas, já saí da barra da saia da mamãe há muito tempo, e não tenho filhos jogados no mundo

– Não sei por que vocês insistem em chamar essa garota para comer aqui em casa... Perdi a fome – disse Paco, bancando o machão e levantando da mesa.

– Filho... Filho!

Nessa hora, minha mãe sempre ia correndo atrás do filhinho querido, e ele voltava, com o rabinho entre as pernas. Paco e eu nos dávamos bem, mas era nas brigas que a gente se entendia melhor. O almoço prosseguia, como se nada tivesse acontecido.

As louças

A louça sempre sobrava para mim e pra Marisa. Era nesse momento que a gente aproveitava para fofocar um pouquinho:

– Nunca mais apareceu lá em casa, o que houve?

– Aquela agência está me deixando louca. Prometo que vou aparecer mais... Mas e você? Parece meio triste...

– Acho que o Arnaldo está me traindo! – dizia Marisa com lágrimas nos olhos.

– Traindo?!

– Fale baixo, ainda não tenho certeza... Semana passada, ele chegou tarde e eu encontrei marcas de batom na blusa lá do posto.

– Nossa, estou bege... Traição não é coisa que faz muito o tipo do Arnaldo, mas fique atenta e, se precisar de mim, posso segui-lo se quiser...

– Não é pra tanto, Di...

Essa não era a primeira vez que Marisa suspeitava do Arnaldo, mas ela nunca tinha coragem para prosseguir a investigação. Acho que ela preferia ser a corna feliz. E não era eu que ia incentivá-la; já me basta o título de ovelha negra da família.

Recordações

Empanturrada de macarronada, ainda tinha o pudim, como sobremesa. E esse não tinha como resistir. Sentados na sala, comendo aquela delícia, meu pai nos reunia para relembrar os velhos tempos, e matar a saudade de quando éramos mais jovens, e vivíamos todos na mesma casa.

Minha mãe pegava a maleta com as fotografias, e a gente passava a tarde a rir e a chorar com aquelas fotos antigas, e com as histórias do meu pai. Meus sobrinhos se divertiam rindo da nossa cara, ou tentando rasgar alguma foto.

– Nossa, lembra dessa foto? – dizia Marisa.

– Uau... Foi nossa viagem à Ilha Bela lembra? Nos divertimos à beça.

Apesar de toda minha independência, essas fotos me levavam a um tempo do qual eu tinha muita saudade. Quando podia voltar para casa e me reconfortar no colo do meu pai ou da minha mãe. Eu saí de casa aos dezoito anos, quando passei no vestibular. Cursei os primeiros anos numa faculdade no interior e terminei os outros na capital. Peguei gosto por morar sozinha e, mesmo sob recriminações de todos, provei que podia me virar.

O FIM

Os almoços terminavam quase sempre no mesmo horário. Religiosamente, às nove horas da noite. A Marisa reunia os pimpolhos, que nunca queriam ir embora, e era a primeira a dar o toque de recolher...

– Vamos galerinha! Amanhã tem aula.

A criançada beijava todo mundo, eles faziam um pouco de manha, mas iam embora contentes e terríveis.

O segundo a partir era o Paco. Sempre chegava algum dos seus amigos de vagabundagem, e o levava para a balada:

– Falou, velhos, *tô* indo!

– Onde é a balada hoje?

– Abriu uma nova, aqui perto, preciso conferir, né?

– Juízo.

Ele me beijava e caía na noite.

Eu era sempre a última. Meus pais aproveitavam para investigar um pouco mais a minha vida...

– Já consertou a geladeira, Diana?

– Essa semana o homem vai lá em casa, mãe.

Mesmo não morando na mesma casa, ela sabia muito mais sobre meu apartamento do que eu.

– Tem comido direito? Leva um pouco de comida daqui. Sobrou bastante.

E lá ia ela preparar a marmita do mês. Nessa hora, meu pai deitava minha cabeça em seu colo, acariciava meus cabelos, como costumava fazer quando eu ainda era uma menina, e perguntava:

– E o emprego?

– Preciso sair de lá, pai. Tenho de ganhar mais.

– Se cuida viu, filha... Não caia em conversa mole de homem vagabundo, e nem enfie um qualquer na sua casa.

– Pode deixar, pai.

Nessa hora, minha mãe chegava com a marmita. Eu beijava os dois. Ela me dava mais algumas broncas, e eu ia embora, na ânsia de mais um almoço em família.

Quem vai ficar com Johnny?

– Gente, preciso confessar uma coisa – disse Lili, com os olhos brilhantes. Acho que estou apaixonada pelo Johnny... Não consigo parar de pensar nele.

– Pelo Johnny?! – dissemos e engasgamos juntas, eu e Betina, com o chocolate quente que tomávamos, sentadas no sofá da casa da Lili.

Recapitulando: o Johnny era amigo de um amigo nosso, o Pepe. Nos conhecemos num churrasco que o Pepe fez. Desde então, o Johnny entrou para a nossa turma. Ele era um cara legal, simpático e até bonitinho, mas não fazia o meu tipo.

– Nossa, por que a surpresa? O cara é o maior gato!

– Eu não vejo a menor graça nele – respondi. Mas fico feliz por saber que você está apaixonada. Significa que esqueceu o Otávio, né?

– Acho que sim... Mas, o que eu faço?!

Prometemos à Lili que íamos dar uma de cupido, para tentar unir os pombinhos. Por isso, resolvi oferecer um jantar no meu apê e convidei o prato principal: o Johnny.

A Lili estava toda animada; fazíamos de tudo para deixar os dois sozinhos. O problema é que parecia que o cara estava fugindo dela:

– Valeu pela ajuda, gente, mas acho que o Johnny não quer nada comigo, não. Vocês viram como ele me evitou? Fiz de tudo, mas... – disse Lili, tristonha, enquanto me ajudava a limpar as coisas.

– Tenha paciência, Li. Tem caras que demoram para perceber. Vai ver ele é um desses.

Trimmm, trimmm, trim...

Saí do chuveiro correndo, e fui atender o telefone.

– Alô? Diana?

– Oi, Johnny?

– Tudo bem? Acho que esqueci a minha carteira na sua casa ontem à noite, posso passar aí para pegar?

– Claro!

– Então, abre a porta.

Brincalhão como sempre, o Johnny já estava plantado na porta da minha casa. Troquei-me e abri.

– Ainda bem que não tinha dólar, né?

– Adorei o jantar ontem.

– Ai, que bom... Johnny, posso te fazer uma pergunta?

– Claro.

– O que você acha da Lili?

– A Lili é uma grande amiga.

– Mas, só?

– Já sei o que você quer saber. Faz um tempo que vejo que a Lili mudou comigo, está agindo estranho... Ela está gostando de mim, não está?

– Nossa, você é modesto... Mas, acertou!

– O problema é que eu não quero magoá-la... Eu não gosto dela, eu gosto de outra pessoa.

Não há coisa pior no mundo do que ouvir o cara que sua amiga venera dizer que não está a fim dela. É como se você tivesse levado um fora!

– Poxa, Johnny... Que pena, mas tente, saiam, quem sabe?

– Não rola, Di. É difícil, mas ... Eu gosto de você!

– O quê?!

Pior ainda é descobrir que o cara pelo qual sua melhor amiga está apaixonada é a fim de você. A gente se sente uma traidora, mesmo sem ter feito nada com ele. E agora?!

– O Johnny apaixonado por você?! – perguntou, boquiaberta, Betina.

– Ele confessou há duas semanas e não para de me ligar... E eu estou sem coragem de contar pra Lili.

– Difícil mesmo, mas temos de contar. A Li está cada vez mais apaixonada. Ela não para de falar no Johnny. Ela precisa se desiludir.

– Amanhã mesmo eu vou contar.

Fui para casa confusa. Eu nunca havia passado por situação semelhante, e não era nada fácil. Ao chegar na porta do prédio, um homem se aproximou, de carro; parou, abriu os vidros e disse:

– Oi, mocinha.

Era o Johnny, convidando-me para comer algo. Como estava faminta e precisava dar um ponto final naquela história, aceitei. Fomos até um bar próximo:

– Pensou na minha proposta?

– Que proposta?

– A de ficar comigo.

– Johnny, isso é loucura. A minha melhor amiga é gamadona em você e eu não posso fazer isso.

– Já falei que não tem nada a ver eu e a Lili... Meu negócio é você... Você vai deixar de ser feliz por isso? A Lili é crescida e vacinada. Ela vai entender.

– Não dá, Johnny... Ela é minha melhor amiga.

Terminamos de comer, e o Johnny me deixou em casa. Na porta do prédio, quando estávamos nos despedindo, ele se aproximou. Olhou no fundo dos meus olhos e tentou me beijar, mas fui mais forte e o evitei.

No dia seguinte, fui até a casa da Lili. Eu tinha de alertar minha amiga, antes que o estrago fosse maior.

– Di, que surpresa... Entra aqui, preciso te mostrar uma coisa... Acabei de ler meu horóscopo, e diz que um amigo próximo vai se declarar... Será o Johnny?

– Ai, que bobagem, Lili.

– Ué, você acha que não? Mas é muita coincidência, Di.

– Horóscopo é tudo bobagem.

– Não estou te entendendo.

– O assunto é sério, Lili!

Eu não sabia como dizer. Se eu fosse curta e grossa, seria mais fácil, mas a Lili poderia ter um treco e cair dura na sala. Se eu ficasse rodeando, poderia perder a coragem de contar.

– É sobre o Johnny ... Eu conversei com ele... E... E... Ele disse que... Você é uma grande amiga, mas não passa disso.

Os olhos de Lili se encheram de lágrimas, e ela sentou no sofá. Permanecemos caladas por alguns minutos. Ela se levantou, enxugou as lágrimas e começou a andar.

– Me sinto ridícula, Di. Eu me apaixonei como uma adolescente. Fiquei cega e nem percebi que o cara não queria nada comigo. Que idiota! Como vou olhar na cara dele agora?

– E tem mais, Li... O Johnny está... Está... A fim de mim – pronto, falei!

– O quê?! De você? Mas... Mas...

– Calma, não rolou nada e nem vai rolar. Ele não para de me ligar, está insistindo, mas não posso fazer isso com você... Nossa amizade vale muito mais do que um homem.

– Poxa, Di... Eu não esperava, mas se tiver com vontade... Vai fundo... Eu vou entender.

Nos abraçamos. O Johnny era uma cara até que gato, legal e simpático. Eu poderia ficar com ele, mas preferi prezar pela amizade – dele e da Lili. Há coisas que não valem a pena. E perder dois grandes amigos, só para saber como seria beijar e ir pra cama com o Johnny, não valia.

A Lili sofreu por uns tempos. O Johnny insistiu mais um pouco, mas logo outro rabo de saia chamou a atenção dele, e nós continuamos bons amigos.

Meu ex-namorado amigo

– Gente, adivinha com quem eu saí para jantar, ontem? Com o Gustavo.

– Ué, mas vocês não tinham terminado? – perguntou Betina.

– Vocês voltaram? – completou Lili.

– Não, gente, nada disso. Nós somos amigos.

– Como assim? Você não tinha prometido que não queria vê-lo nem pintado de ouro, e agora vem com esse papo de amizade?

– Isso foi antes, Bê... Nós conversamos e acabamos virando amigos.

– Ah, pra mim esse negócio de amizade com ex não rola.

Antes de jantar com o Gustavo, também pensava como a Lili. Namorei o cara por um ano, era loucamente apaixonada por ele, até ele me trair com uma loira peituda, e dez quilos mais magra do que eu. Jurei de pés juntos que nunca mais queria olhar para o Gustavo! Falar com ele, ou sentir seu cheiro. O problema é que ele não jurou o mesmo, e resolveu me procurar. Ele me ligou dizendo que a gente precisava conversar, e que eu não podia negar o convite. E eu – idiota – não neguei.

– Mas e aí, o que ele queria?

– Conversar. Disse que me considera muito, que sente falta das nossas conversas e que queria selar um acordo de paz.

– E você selou?

– É, selei, Lili... E o pior é que ele *tá* namorando aquela bruaca peituda, e me convidou para ir às bodas de casamento dos pais dele sábado que vem.

– Você recusou, né?

– Ai, gente, eu adoro os pais dele.

Eu sei que o que eu estava fazendo ia contra meus princípios, mas que mal tem sermos amigos? Resolvi apostar nisso. Não só apostei, como fui às bodas. Sozinha, porque nenhuma das minhas amigas puderam (ou quiseram) me acompanhar.

Quando cheguei ao salão, como uma barata tonta, logo fui arrastada pela Selma, minha "ex-cunhada", que fez questão de dizer o quanto sentia minha falta, e gritar para todo mundo ouvir que eu havia chegado. Foi aquela zorra: toda a parentada do Gustavo, que eu não via há mais de um ano, ficou em cima de mim.

– Oi, Diana! Que bom que você veio. Joyce, lembra da Diana?

– E como... – disse a bruaca com sorriso amarelo e me medindo dos pés a cabeça.

Bem que eu tentei sentar em uma mesa separada, mas o Gustavo fez questão de que eu sentasse na mesa dele. E eu sentei. Passamos a noite toda conversando e rindo. A tal da Joyce até que tentou ser simpática, mas não deu.

Teve de me engolir até o final da festa, porque o Gustavo acabou me levando para casa.

Achei que esse papo de ser amigo de ex tinha acabado nas bodas, mero engano meu. Toda semana o Gustavo me ligava, e a gente ficava horas no telefone, falando da vida. Descobri que ele estava feliz com a tal da Joyce – apesar de todo ciúme dela em relação a nossa amizade –, que ele estava querendo mudar de emprego, e todos os seus planos para o futuro. Acabei virando uma espécie de mãe-guru-amiga. Qualquer probleminha que fosse, até unha encravada, o Gustavo me ligava:

– Tem falado com o Gustavo, Di?

– Somente todos os dias.

– Nossa, mas o cara *tá* te ligando mais agora do que quando vocês estavam juntos!

– Esse é o problema, Lili... E eu não sei como cortar isso. Acho sim que podemos ser amigos, mas ele *tá* meloso demais.!

– Quem mandou se enfiar nesse barco?.

Ela estava certa. Eu quis navegar sozinha, agora tinha de aprender a remar. Comecei, então, a não atender a todos os telefonemas do Gustavo. Atendia quando queria. Mas, não satisfeito, ele me bombardeava de torpedos, *scraps*, *e-mails* e mensagens no MSN. Essa amizade já estava me enchendo, invadindo demais a minha privacidade.

Sexta-feira, onze horas da noite, sem vontade nenhuma de sair, de pantufas e pijamas assistindo besteira na TV. O Gustavo apareceu:

– Oi, Di... Que isso? Nesse estado, numa lua dessas? Vamos sair?

– Cadê a Joyce?

– Vou passar na casa dela daqui a pouco. Vim te buscar primeiro.

– *Peraí*, Gu... Não é assim... Você *tá* invertendo as coisas. Eu sou a amiga, e a Joyce é a namorada. Você deveria estar com ela agora, e não comigo.

– Não estou entendendo, Diana.

– Eu explico: esse lance da nossa amizade já está indo longe demais. Você está mais presente agora do que antes. Além do mais, eu sei muito bem que a Joyce não gosta de mim e só me atura por você. Apesar de ela ter te roubado de mim, eu a entendo. Pensa bem.

– Poxa, desculpe, não sabia que estava pisando tanto na bola assim. Foi mal. Sabe o que é... Eu gosto de você pra caramba, e depois que a gente virou amigo, não consigo deixar de falar com você. Você é a minha melhor amiga agora, Di.

– Muito legal, Gustavo. Mas você tem de saber separar as coisas. Por exemplo, sexta-feira, com uma lua dessas... Leva a sua namorada para um barzinho, uma balada, um motel, sei lá...

Realmente, eu estava mudada. Quem diria que eu mandaria meu ex-namorado, que me traiu, levar a atual namorada – com a qual ele me traiu – para um motel. Ainda indiquei um dos bons!

– Eu não te entendo, Di... Você mandou o Gustavo pro motel com a Joyce? – falava, indignada, Betina, do outro lado da linha.

– Ah, Bê, ele tem de se tocar. Eu fui a namorada, agora eu sou a amiga, tudo bem. Então, vamos fazer jus aos papéis.

– Eu não sei se aguentaria isso, não... Você é forte, amiga!

– Todas nós somos. Quando o calo aperta, você aprende a gritar. Melhor assim. Aprendi que esse negócio de amizade com ex não dá muito certo. E, confesso, estava quase arrastando asinha pra ele de novo.

– Não digo que mulher é bicho burro?!

– Mas foi quase, viu? Quase mesmo... Eu acordei antes, e já estou bem vacinada para o próximo que queira ser meu amigo. Colega, no máximo, e com direito a processo seletivo antes.

No balanço da balança

Num daqueles típicos e rotineiros dias em que eu acordo atrasada e atordoada para sair voando para o trabalho, peguei um velho jeans surrado (aquele que a gente gosta e nunca joga fora) e fui me vestir correndo, ou, pelo menos, tentar. Foi quando uma coisa horrível aconteceu: a calça não fechava.

Não é possível! Semana passada mesmo eu vesti essa calça! A Dorinha, minha empregada, deve ter feito alguma besteira e a calça encolheu. Tudo bem, depois brigo com ela.

Corri e peguei uma calça social que estava no cesto de roupas sujas. Depois de cinquenta puladinhas, uma respirada profunda e uma deitadinha básica na cama, o zíper subiu e... uma banhinha chata pulou. "Meu Deus, mas o que está acontecendo?", perguntei ao espelho. Saí correndo e paranoica. O que eu não queria admitir estava na cara: eu tinha engordado! Quantos quilos eu não sabia, pois estava fugindo da chata da balança há uns bons meses.

Não há nada pior para uma mulher do que precisar admitir, ouvir do seu espelho e das suas roupas o quanto está gorda. Acho que uma mulher preferiria ser cega e surda nessas horas. Pior ainda é ter de se dar por vencida e entrar num regime.

Para compensar o cansaço que as gordurinhas a mais me deram pela manhã, no almoço resisti à picanha e à lasanha. Comi apenas alface.

– Ué, o que houve, Di? Vai comer só isso? – perguntou Ana, minha colega de trabalho.

– É... Estou sem fome.

Mentira! Eu estava tentando resistir àquela minha vontade louca de cair de boca naquela picanha. Confesso que foi um castigo, para mim, ver todas aquelas tentações.

Mas ainda pior foi quando, na saída do trabalho, decidi encarar a minha maior inimiga: a balança. Olhei para os lados, para ver se nenhum gatinho que eu conhecia estava por perto, respirei fundo, olhei para ela, contei até três, fechei os olhos e subi. Seria doloroso demais ver aqueles números subindo e não parando nunca mais. Por isso, preferia a surpresa. Abri os olhos e constatei o que já sabia: eu tinha engordado. Fui para casa deprimida.

Confesso que nunca fui paranoica com essa coisa de regime. Eu comia de tudo e maneirava quando achava que devia. Minha balança era minha mãe. Toda vez que a gente se via, ela fazia questão de dizer o quanto eu estava gorda e que eu devia comer coisas mais saudáveis. É incrível como mãe gosta de te deixar pra cima.

Naquele dia, quando cheguei em casa, eu estava tão mal que minha vontade era me acabar numa caixa de bombons, mas eu não podia. Então, resolvi abrir minha geladeira e ver o que de mais saudável tinha nela. De saudável, percebi que só tinha o ventinho que saía dela. Tomei apenas um copo de leite, fingi não escutar a sinfonia de Beethoven que tocava na minha barriga e fui dormir.

O dia seguinte, sexta-feira, era o do encontro religioso com minhas amigas, no bar do Pedrão. Mas aquele local era um dos motivos dos meus quilinhos a mais. Por isso, resolvi mudar o nosso encontro para meu apê.

– Ué, gente por que nós não fomos ao Pedrão hoje? – disse Betina, que chegava com uma caixa de cerveja e duas pizzas na mão.

– A Diana cismou que engordou e vai fazer greve de Pedrão.

– Gorda onde, Diana?

Se há uma coisa que deveria ser eliminada da sua vida, quando está tentando emagrecer, são suas amigas. Primeiro, elas nunca dizem a verdade, porque não querem te chatear. Por isso, insistem em dizer que você não está gorda. Segundo, que elas não entram no regime junto com você. Por isso, não têm dó, nem piedade de beber e comer coisas maravilhosas na sua frente, assim como naquela noite.

– Não adianta tentarem me animar... As minhas roupas não mentem. Nenhuma calça me serve! Eu preciso emagrecer urgentemente.

– Eu conheço um regime que é tiro e queda... – dizia Lili.

– Ih, não entra nessas dietas malucas da Lili, não... Sai dessa. Vai num médico que é melhor.

– Não dá, Bê, eu tenho de emagrecer para ontem... O casamento daquela minha prima é sábado que vem, e o vestido já está alugado. Eu preciso perder rapidinho todos os quilos que não existiam quando eu o provei. Além do mais, aquele meu primo *gatérrimo* virá da Alemanha pro casório, e eu tenho de estar bonita.

– *Tá* bom. Depois não diga que eu não avisei. Agora, relaxa e bebe uma cervejinha.

– Tira esse negócio da minha frente agora, ou eu te jogo pela janela, Betina!

Passei a noite bebendo suco *diet*.

Para perder os quilinhos indesejáveis, resolvi embarcar nas dietas da Lili e em todas as outras que me ensinaram. Como eu tinha pressa, decidi fazer todas ao mesmo tempo. Quem sabe o resultado não seria mais rápido? Tomei chá verde, chá branco, água com limão, água morna em jejum, tomei sopa para emagrecer, passei o dia na base de alface e outras loucuras mais.

Resultado: acordei no sábado e não conseguia me levantar da cama. Não tinha forças. Tudo rodava. No único momento de lucidez que tive, liguei para Betina e pedi para que ela viesse correndo. Fui parar no hospital e, por causa da minha saga para emagrecer, também perdi o casamento, o dinheiro do aluguel do vestido e o gato do meu primo. Fiz tanta loucura que acabei desidratada, internada e ainda tive de aguentar sermão duplo, da Betina e da minha mãe...

– Filha, o que você fez? Eu não te disse que era para comer direito? E agora?

– Eu falei para ela não embarcar naquelas dietas malucas da Lili.

Fiquei dois dias em observação e, depois, fui obrigada a passar uma temporada na casa da minha mãe, sob sua vigilância constante. Nunca comi tanta verdura e legume juntos!

Sei que cometi uma loucura naquela semana, e não recomendo a ninguém, mas uma coisa é certa: consegui emagrecer! Porém, prometi a mim mesma procurar um médico e começar um regime certo.

O dia dos namorados

Eu odeio o Dia dos Namorados! Odeio mais ainda quando estou solteira.

Parece que os *outdoors*, as propagandas, as flores... Tudo berra, aos quatro cantos, ininterruptamente: "Você está solteira!". Sinto-me totalmente deprimida quando essa data se aproxima. Às vezes, até tento me esquecer e agir normalmente, mas é pior. E mais uma vez essa data estava se aproximando.

No meu trabalho, as meninas não paravam de pedir sugestões, umas às outras, do tipo de presente que poderiam dar, qual o melhor restaurante para jantar, que *lingerie* é mais *sexy*... É tudo tão irritante que logo fico de mau humor. E elas, que sabem que eu sou do clube das solteiras, fazem questão de me excluir da conversa. Contudo, por mais que eu queira, a internet e o meu *e-mail* me bombardeiam com notícias, promoções e dicas de presentes para o tal dia dos apaixonados.

Dezoito horas. Fim do expediente. Doze de junho de um ano qualquer:

– Ué, Di... Não vai embora? – perguntava Sabrina, uma das minhas colegas de trabalho.

– Ah... Eu tenho de terminar um relatório... Já vou. E você?

– Ai, estou atrasadíssima... O Du ficou de passar lá em casa para me levar para jantar. E depois... Ah, você sabe, né?

E como eu sabia. O Du e a Sabrina teriam uma longa noite de amor feliz. Nem mesmo as horas que eles passariam no congestionamento, na porta do motel, seriam capazes de desanimá-los.

– Feliz Dia dos Namorados! – eu disse, morrendo de inveja da felicidade e da companhia que a Sabrina teria naquela noite.

E eu?! Sozinha naquele escritório. Na verdade, eu não tinha relatório nenhum para entregar. Eu só queria um momento de paz e não ter de encarar todos os casais apaixonados que eu encontraria pela minha frente. Talvez fosse melhor acampar no escritório, dormir por aqui, e fingir que hoje era apenas mais um dia...

Impossível! O pensamento de que eu poderia ser uma dessas apaixonadas me cortava o coração. Por que Deus era tão cruel comigo? Pelo menos, se alguém pudesse me ligar... E me ligou, mas era somente a Betina:

– Oi, Bê.

– Nossa, que ânimo é esse?

– E tem algum motivo para festejar hoje?

– Ih, já sei... Mais uma *deprê* de Dia dos Namorados, acertei?

– Na mosca!

– Te liguei para gente sair e tomar uma cerveja. Espairecer um pouco. Te encontro lá no Pedrão, OK?

Se estava ruim sozinha na agência, jogar conversa fora não seria tão má ideia.

Mas o meu drama estava apenas começando. Levei uma hora e meia para chegar ao bar do Pedrão. Havia me esquecido que hoje era o dia do congestionamento dos apaixonados. Ninguém fazia hora extra naquela noite, e todos saíam, com os hormônios à flor da pele, para o trânsito. Tudo bem, se não fosse ao mesmo tempo.

Tentei ouvir uma música para relaxar. Erro número dois: todas as rádios só tocavam músicas de corno apaixonado, os locutores não paravam de dizer que hoje era o Dia dos Namorados, e as ouvintes não paravam de ligar, desejando músicas lindas para seus namorados. Poxa, que injustiça com os solteiros. Ou será que eu era a única naquela noite?!

Ao chegar no bar do Pedrão, o estacionamento estava lotado. Tive de parar na rua. A Betina já me esperava na porta do bar.

– *Tá* lotado, Di. Uma hora e meia de espera.

– É castigo demais.

– E aí, esperamos ou vamos para outro bar?

Resolvemos andar pela rua, para achar algum bar mais próximo e que estivesse vazio. Mas foi em vão. Estavam todos lotados de casais apaixonados, que pareciam ter grudado a bunda da cadeira e se esquecido da vida. Três voltas no quarteirão depois, e muitos esbarrões em casais cegos e apaixonados, e estávamos de volta ao bar do Pedrão.

Ficamos mais uma hora na espera, e nenhuma alma caridosa levantava da mesa. Parecia que ninguém tinha mais nada para fazer, e olha que era apenas uma quarta-feira.

Se não bastasse a minha impaciência, ouvi uma voz masculina me chamando. Logo achei que Deus havia me enviado um príncipe para curar minha tristeza, mas era... O Pedro, um dos meus rolinhos antigos e um promissor candidato a namorado, se não estivesse acompanhado.

– Essa aqui é a Adriana, minha namorada.

Morena, linda e acompanhada da minha promessa de namorado. Nos despedimos, e eles foram embora, encarar o congestionamento dos motéis.

– Chega, vamos embora!

– Mas, agora que esvaziou uma mesa, Di?!

– Eu não fico aqui nem mais um minuto, Betina. Já olhou à sua volta? Esse bar *tá* infestado de casais. Se a gente sentar aí, é capaz de acharem que somos um casal de lésbicas. Além do mais, ver o gato do Pedro acompanhado acabou com meu astral.

Ainda bem que Betina era minha amiga e não se encanava com essas coisas. Saímos do bar e pegamos mais algum tempo de congestionamento...

– *Tô* me sentindo uma extraterrestre hoje. Parece que eu sou a única pessoa da face da terra incapaz de arrumar um namorado. Eu tenho algum problema, Betina? Até a Lili arranjou companhia para hoje...

– Para de se estressar com isso. Eu *tô* muito bem sozinha.

– Claro... Ter um namorado nunca foi seu plano de vida.

– E não deveria ser o seu também.

– Pombas! Olha por onde anda seu cego!

Mais um apaixonado beijava a apaixonada, enquanto virava o carro e quase batia no meu. Tudo para encarar o tráfego da porta do motel:

– Que tal um vinho?

– E tem outra saída?

Acabamos parando o carro num posto de gasolina, compramos uma garrafa de vinho barato e ficamos conversando, encostadas no capô. Depois de umas goladas, já estava quase me esquecendo que dia era aquele. Betina e eu começamos a falar um monte de bobagens, a lembrar das nossas loucuras, e a brindarmos o quanto éramos felizes sozinhas...

– Viva a solteirice! Eeeee – gritou Betina, no posto.

– Viva!

Logo, os solteiros de plantão, que se embriagavam para esquecer a solteirice se juntaram a nós. Terminamos a noite ali, bêbadas e rodeadas de solteiros. Final feliz para uma noite estressante. Porém, eu tinha apenas 365 dias para arrumar um namorado e garantir que meu estresse do dia doze não se repetisse.

Crise de identidade

– Tem gente que vai ficar mais velha amanhã...

– E isso é bom? – perguntava Betina, com a amargura rotineira do dia anterior ao seu aniversário.

– Claro que é, Betina!

– Só se for para você, que ainda desfruta da casa dos vinte, porque, para mim, a um dia dos 40 anos, isso é um peso!

Betina estava vivendo mais uma daquelas fases críticas do universo feminino. Ela estava passando pela crise dos quarenta. Há uma semana, minha amiga resolveu se enfurnar no seu apartamento e não sair mais. E lá estávamos, eu e Lili, tentando convencê-la a, pelo menos, apagar as velinhas no dia seguinte:

– Ai, Betina, que *deprê*! Também não é pra tanto.

– Não adianta, Lili, vocês não me entendem! Ninguém me entende. Amanhã, eu completo quatro, quatro décadas e o que eu fiz da minha vida? Sou uma superexecutiva? Não. Casei com um homem rico? Não. Tenho um homem? Não. O que eu consegui da minha vida?!

Betina desandou a chorar. Nós tentamos todas as cartadas para animá-la, até que desistimos, ou melhor, compreendemos que ela tinha o direito de passar por essas crises e por esse momento.

– E aí, *tá* melhor, Bê?

Com muito custo, conseguimos levar a Betina para "bebemorar" no bar do Pedrão a sua saúde:

– O que seria de mim se não fossem vocês?

– Ih... Já vi tudo. Três copos de cerveja, e começa a sessão melancolia – dizia Lili, já acostumada com a *deprê* de bêbado da Betina, ainda mais no dia do seu aniversário.

– É sério, gente. Se eu não tivesse vocês, o que eu estaria fazendo hoje? Ninguém me ligou... Nenhuma flor, nenhuma telemensagem. A única carta que eu recebi foi uma conta atrasada!

Mais uma vez, Betina desandou a chorar, a dizer o quanto nos amava, e o quanto a vida dela estava uma bosta. Resultado: cinco horas da manhã, e eu tinha como espetáculo a Betina vomitando no banheiro do meu apê.

Apesar de ter sido um porre aturar a minha amiga choramingando no dia do seu aniversário, aquilo tudo me fez refletir sobre minha vida e sobre os meus objetivos.

Eu estava a um ano dos trinta, e também não havia cumprindo nem um quarto de tudo que planejei aos 15 anos. Será que eu ia conseguir cumprir em apenas um ano? Eu tinha poucos dias para me tornar uma publicitária bem-sucedida, ter um homem com H ao meu lado, ficar sem dívidas, dar a volta ao mundo, falar três línguas, me casar e ser feliz para sempre. Será que esse tempo seria o suficiente para cumprir tudo isso? Ou será que eu serei a eterna solteirona, mal-amada e sem filhos?

Nesses momentos depressivos, só uma pessoa podia me ajudar: minha mãe. Recorri ao seu colinho maternal, para chorar minhas pitangas:

– O seu mal, minha filha, é que você sonha demais. Viva, dê tempo ao tempo. Deixe o tempo fazer as mudanças na sua vida; não queira você mudar o tempo.

– Mas é só um ano para isso, mãe? E se eu não conseguir?

– Será que você vai ser menos feliz por isso? Será que ter tudo isso de uma vez vai te deixar feliz?

As conversas com a minha mãe sempre terminavam com uma interrogação, que ficava martelando minha consciência por um longo tempo. E aquela foi mais uma dessas interrogações. E que eu ainda não consegui responder.

Não só eu e Betina passávamos por algumas crises, Lili também. E a dela foi financeira. Apesar de ter uma boa vida e receber um "paitrocínio" de mesada, Lili trabalhava como secretária de uma multinacional. Não precisava da grana, mas era um *hobby* para não se sentir tão inútil. Ela achava que seu emprego era vitalício, só porque já tinha dado umas voltinhas com o chefe. Porém, tudo que é bom, dura pouco.

– Ai, Diiiii – foi o que Lili conseguiu dizer aos prantos, na porta do meu apartamento. Pedi que ela entrasse, se acalmasse e me contasse o que estava acontecendo.

– Eu, e-eeu f-fui mandada embora. Aquele canalha me escorraçou de lá, e agora?

– Calma! Agora é olhar pra frente e seguir, minha amiga. Você tem potencial para coisa melhor.

– O pior é que eu *tô* com o aluguel atrasado há três meses, e vou ser despejada na semana que vem. Meu pai resolveu cortar a minha mesada depois que soube que eu virei assalariada. O que eu faço?

– Se não se importar, posso dividir minha cama com você.

– Ai, amiga, você me aceitaria?! Poxa, o que vale, vestir a tal da camisa, e levar um pontapé na manhã seguinte?! Eu estudei, me formei, fiz pós, fiz curso de línguas, me especializei, para ser trocada por uma estagiária, para ser humilhada?

Estávamos na maior crise de identidade! Cada uma com a sua, mas unidas pela sensação de quem sabe que crises são passageiras. Elas vêm de uma forma que você não pode controlar, você se afoga nelas, acha que não há solução, e, quando menos espera, já se esqueceu, elas já passaram. Esse é o nosso mundo, o nosso universo.

O que seria de nós, mulheres, sem as crises? São elas que nos ajudam a acharmos a resposta certa, nem que seja no momento errado: Betina saiu da sua *deprê* quando descobriu como a maturidade dos 40 anos poderia ajudá-la a conquistar o que queria. Eu resolvi parar de me questionar e deixar o tempo conspirar a meu favor, e a Lili aprendeu a ir à luta, coisa com a qual ela não estava muito acostumada.

Agora, eu aguardo o próximo *tsunami*, que vai chegar já, já. Só espero que eu não seja a vítima principal!

Amigo colorido

– E ai, Di!

– Oi!

– Nossa, que ânimo! *Tá* fazendo o quê de interessante?

– Se, para você lamber uma panela de brigadeiro, assistindo à novela das oito for interessante, é isso que eu estou fazendo, Betina.

– Já vi que está precisando de um ombro amigo.

– Se esse fosse o meu problema, ainda ia. Estou precisando de muito mais do que isso... Preciso desesperadamente de um corpo amigo.

– Ih, já vi tudo. Mas não sei o que você está esperando... Liga para o Edu.

– Ah, Bê... Eu prometi para mim mesma que eu não ia mais apelar para o Edu... Eu quero um homem que me ame de verdade e não um boneco inflável.

– Mas, amiga, pelo seu desespero, e a essa altura da noite, o único gato malhado que vai atender seu pedido, imediatamente, é o Edu. Bem, se desistir da ideia, me liga, que a gente pode sair para comer alguma coisa.

– *Tá* bom... Beijos, amiga.

Desliguei o telefone pior do que atendi. Era difícil assumir, mais uma vez, que eu ia ter que apelar para o Edu. O quê? Quem é o Edu? Ah, *tá*, eu explico. O Edu é meu amigo colorido, pau pra toda obra, cama, mesa e banho. A gente se conheceu por meio de uma amiga do trabalho. Ficamos algumas vezes, mas nunca tivemos nada sério. O problema é que, apesar de meu coração não pulsar por ele, o meu corpo se acende todo quando vê o corpo dele. É um negócio de pele, entende?

Sempre que eu estou subindo pelas paredes e matando canil a gritos, Edu é meu salvador da pátria. Assim como eu sei que sou a dele; mas prefiro acreditar que ele me liga porque sentiu saudades (coisas de mulher!).

Sábado à noite. Nada para fazer. Nenhuma ligação, nenhuma mensagem na caixa postal, nenhum SMS, nenhum *scrap* e minha agenda de homens completamente desatualizada.

Eu não queria apelar para o Edu, me controlei o máximo que pude. Porém, o calor era demais. Talvez, se eu fosse dar uma volta na rua, passaria. Resolvi, então, ir até a padaria para comprar um sorvete, talvez um me refrescasse...

Dez sorvetes depois, e tudo continuava como antes, ou até pior. O telefone parecia gritar para mim: "Liga pro Edu! Liga pro Edu! ". A pressão era tanta que eu, inconscientemente, peguei o telefone e disquei os oito números: "Tum, Tum, Tum, Tum... sua mensagem está sendo encaminhada para caixa postal...".

Que bosta! Demorei demais; a essa hora o Edu já devia ter arrumado companhia. Tolice eu pensar que ele estaria a minha disposição. Poxa, sem o Edu, o que me resta?! Dormir? Gritar? Me jogar da janela? Ligar para a Betina? Trim...

– Alô, Diana? Oi, gata! A que devo a honra da sua ligação?

– Edu? Oi! – só podia ser um sonho, Deus ouviu minhas preces.

– Nossa, mal acreditei quando vi sua ligação perdida. Então, pensei: “Não posso deixar a gatinha na mão.” – o Edu era um tremendo xavequeiro, mas tinha uma pegada inexplicável.

– Liguei para saber o que você estava fazendo, mas tenho certeza de que já tem compromisso para essa noite...

– Tenho sim... Com você... A que horas posso passar para te pegar?

Meia-hora depois, eu estava pronta, cheirosa, vestida para matar, de *lingerie* nova, e com uma ansiedade de pré-adolescente prestes a perder a virgindade.

O Edu me pegou pontualmente, e fomos a um bar que ele quis que eu conhecesse. Por mim, nós iríamos direto pro motel, mas eu não podia deixar transparecer a minha ansiedade:

– Nossa, você arrasou hoje, hein? Desse jeito, não há quem aguente.

– Que isso, Edu... Eu estou tão simples... – ninguém poderia estar simples com um vestido colado e um decote do tipo “Olhe para os meus peitos, pelo amor de Deus”. Confesso que a minha roupa não negava minha intenção:

– O que houve que você sumiu? Nunca mais me ligou!

– Estava trabalhando demais.

– E sem tempo para os amigos? Ou será que alguém laçou seu coração?

– Antes fosse. Estou livre, leve e solta.

– Mas deve ter uma fila de pretendentes, né?

Ficamos no bar até o meio da madrugada, jogando conversa fora e bebendo muito.

– Você sabe que eu adoro sair com você, né? As noites são sempre divertidas, e acabam melhor ainda.

Edu me agarrou no estacionamento. O clima esquentou, e eu acabei suada e jogada numa cama redonda. Foi uma noite maravilhosa, como todas com o Edu.

Cheguei em casa com o sol queimando minha cabeça. E, o melhor de tudo, era que não rolava cobrança, nem marcações de próximos encontros, nada disso... Eu sabia muito bem qual seria o motivo da próxima ligação dele, e ele da minha. Mas a gente era assim, amigos eternamente coloridos.

Três horas da tarde de um domingo...

– Dormindo a essa hora?

– Ai, gente, entra.

– Pode ir me contando tudinho. Essa cara não nega, viu? – perguntava Lili.

– Isso não é cara de quem passou a noite sozinha, não.

– Já que vocês me acordaram né? Eu saí com o Edu, ontem.

– O boneco inflável?

– Não fala assim, Lili!

– Nada mais do que a verdade, ou o Edu é o quê para você?

– Eu confesso que não queria mais ligar para ele, mas era caso de vida ou morte. Eu juro que não ligo mais.

– Ih, essa história eu conheço, viu, Dona Diana?

O pior é que minhas amigas estavam certas. Se até a próxima crise da loba eu não arranjasse um namorado, o Edu seria a minha única salvação. Ai, cupido, tenha piedade de mim, *tá*?

O dilema do convite

Há mais de dois meses, eu estava a fim de um cara lá do meu serviço. O Jonatan, uma gracinha. Ele era novo na agência e também era publicitário. A gente conversava formalmente sobre assuntos do trabalho, e às vezes saia para almoçar, nada, além disso. O problema é que, no meu íntimo, sentia que meu afeto por ele era correspondido. Só que ninguém dava o primeiro passo.

Eu sempre fui daquele tipo de mulher que acha que o primeiro passo tem de ser dado por eles. É mais gentil, e deveria ser sempre assim, como nos tempos de Adão e Eva. Só que, no meio do Jardim do Éden, os papéis se inverteram. Parece que, hoje, os homens esperam uma iniciativa nossa.

Ótimo se eu fosse boa em tomar iniciativas. Eu sempre fui péssima nisso. Confesso que já tentei algumas vezes. Umas deram certo, tantas outras quebrei a cara, e agora estava com medo de arriscar:

– Acho que você e o Jonatan fazem um casal tão bonito. – falava Carol, minha amiga do trabalho.

– Mas, por que você acha isso?

– Ah, Di, *tá* na cara. O jeito como ele te trata, o jeito como ele te olha, o jeito como ele fala com você... Só você que não percebe.

– Você está vendo coisas demais, Carol. Não tem nada a ver. Ele é apenas educado comigo, como é com todas.

– Sei, sei... Mas uma coisa você não pode negar. Está caidinha por ele. E olha que não sou só eu quem acha isso não... Daqui a pouco, vai rolar até um bolão para saber se vocês vão ficar ou não.

– Credo! Esse povo não tem o que fazer, não?

– É a rádio peão. Você sabe.

Eu fui para casa engasgada com a conversa que tive no almoço, com a Carol. Será que o Jonatan está mesmo a fim de mim? Acho que não. Ele deve ser do tipo educado com todas e com jeitinho meigo de conquistador. Mas, e se eu estiver errada?

– Por que você não o convida para sair?

– Ai , Betina, não é tão simples assim.

– Como não? Chama o cara para tomar um chope, tipo um *happy hour*, sei lá...

– Mas, e se ele me achar muito atirada?

– Diana, não vem dar uma de puritana agora. Desde quando tomar um chope é sinal de alguma coisa? Você não está chamando o rapaz para ir pro motel.

– Não sei, Bê. Ainda acho que é cedo, eu posso me precipitar demais e acabar quebrando a cara.

– Se você não tentar, nunca vai saber.

– Mas eu acho que é ele quem deveria me chamar para sair, não eu.

– Como ele vai te convidar para sair, se você ainda não deu nenhum sinal para ele?

– *Tá* bom... Você me convenceu...

Eu vou chamá-lo para tomar um chope.

Prometi, mas não cumpri. Quase um mês já tinha se passado, e eu não criava coragem para convidá-lo para sair. Toda vez que eu tentava, alguém chegava, eu desistia, ou o medo de quebrar a cara era maior do que tudo.

Certo dia, fui almoçar sozinha. De repente, uma sombra me perguntou:

– Posso sentar aqui? – era ele.

– Claro, fique à vontade.

Eu não sabia o que dizer. Gelei. Foi uma cena ridícula. Ele começou a puxar papo comigo sobre o trabalho, sobre o tempo, coisas idiotas do tipo. Ótimas para quem não tem assunto. O almoço acabou, e ele foi embora, pois tinha uma reunião com um cliente, e eu fiquei chupando o dedo.

– Não acredito que o Jonatan almoçou com você, e você não deu uma indireta?

– Pode acreditar, Carol. Eu travei. Foi ridículo! Eu desisto.

– Desistir? Jamais. Semana que vem, eu vou comemorar o meu *níver* naquela balada de que te falei. A galera disse que vai; inclusive o seu gatinho. É a sua oportunidade.

A Carol armou tudo de um jeito tão perfeito, inventou uma história tão maluca, que eu acabei indo de carona com o Jonatan para a balada. No caminho, fomos conversando sobre nossos gostos. Descobri que ele adorava *surf music*, que surfava aos finais de semana, em Ilha Bela, e que estava solteiríssimo (ponto positivo para mim; faltava saber o tipo de mulher que ele curtia).

A balada foi ótima, com apenas um detalhe: nós não ficamos. O Jonatan ficou o tempo todo conversando com a Susi, a secretária da agência. Fiquei superdeprimida; era melhor tirar meu time de campo. O pior é que eu ainda tive que voltar de carona com ele e com a oferecida da Susi, que não parou de falar um minuto o caminho todo. O Jonatan deixou a Susi primeiro e, depois, me levou para casa:

– Ufa, ainda bem que ela foi embora. Não estava mais aguentando ouvir a voz dessa garota.

– Nossa, achei que você estivesse gostando.

– *Tá* louca? Que mulher chata!

Vocês não sabem o quanto eu fiquei aliviada ao ouvir isso. Até criei coragem...

– É... Foi uma pena que a gente nem pode conversar direito.

– Mas não vai faltar oportunidade... Afinal de contas, segunda já *tá* aí.

O que foi isso? Um xaveco do tipo "Hello, se liga mina que eu quero você", ou um modo educado de dizer: "Se quiser falar comigo, dirija-se a minha sala?". Odeio homens enigmáticos.

Ele me deu um beijo na bochecha (como eu queria virar o rosto naquela hora), e a gente se despediu.

– Você *tá* ficando mole demais, Diana... O cara te deu o maior mole, e você não fez nada?

– Que mole que eu não estou vendo?

– Ele deu a deixa para você convidar, e nada? Desisto, perdi o bolão, e eu fiz a minha parte.

A Carol estava certa. O quê estava acontecendo comigo? Parece tão simples. Por que eu não consigo convidá-lo para sair?

No final do dia, tive uma reunião com ele. Acabamos saindo tarde e estressados da agência. O Jonatan me ofereceu uma carona e como o meu carro, graça a Deus, estava no mecânico, aceitei.

– Nossa, mas o sr. Otávio é difícil demais... Estava tão claro que a campanha era perfeita – desabafava ele.

– Ele é assim mesmo. Gosta de nos instigar, deixar a gente à flor da pele (*"Convido, ou não convido?"*). Falando nisso acho que a gente merece um chope depois de um dia desses, né?

– Ótima ideia! Isso é um convite?

– Encare como quiser.

Foi mais fácil do que eu imaginava. Não doeu, e ele não teve nem tempo de negar meu convite. Agora restava saber qual era a dele. Fomos ao bar do Pedrão, pedimos umas cervejas, e ficamos conversando até o último cliente; bem, acho que nós fomos os últimos clientes. Depois de sermos expulsos do bar, ele me levou para casa...

– Nossa, Diana, você não sabe o bem que esse *happy hour* me fez. Já vou dormir melhor...

– Que bom que você gostou da cerveja.

– Não só disso, mas principalmente da companhia.

Fiquei muda. Aquela frase não podia estar sendo dita. Não sabia o que responder... Continuei calada, mas ele desatou a falar:

– A gente conversa pouco na agência, mas sempre te achei uma pessoa supersimpática. Ouvi ótimos comentários sobre você, e hoje pude confirmar, com meus próprios olhos, que não era mentira... Só tem uma coisa que ninguém soube me confirmar...

– O quê? – perguntei, de maneira ingênua.

Jonatan se aproximou de mim, nos olhamos, e ele me beijou. Acho até que vi estrelas nessa hora, e que a trilha sonora do *Titanic* tocou. Era bom demais para ser verdade.

– Posso te confessar uma coisa? Há muito tempo eu esperava por esse momento, mas não sabia como falar com você, como te chamar para sair... Achei que você ia me dar um fora... *Tá* rindo do quê? Estou sendo ridícula, né?

– Nada disso... É que eu também pensava a mesma coisa. Desde a primeira semana, comecei a te observar, mas você não notava, não dava sinal nenhum, e eu não sabia como chegar em você.

Nos olhamos e começamos a rir como dois bobos. Ficamos juntos mais algum tempo, e depois ele foi embora. Continuamos ficando por mais alguns meses, até ele ser transferido para outra agência, no Rio de Janeiro. O mais interessante da nossa relação é que, na agência, ninguém nunca soube o que rolou entre a gente, nem que eu tinha tomado coragem. Estão até hoje fazendo bolão, e no suspense.

Mas, uma coisa eu aprendi com ele: quem não arrisca, não petisca.

Namigorado

– Diana?! Em casa a uma hora dessas, em pleno sábado à noite?! – perguntava Betina, admirada.

– E posso saber qual o motivo de tanto espanto? – retruquei, lambuzando meu dedo de brigadeiro, de pijamas, esparramada no sofá, assistindo a um programa qualquer.

– Ué, e o Fabrício? Não vai sair com ele, hoje?

– Ele teve um compromisso de família... Mas, *peraí*: por que eu teria a obrigação de sair com ele hoje? Não posso me dar o direito de não sair, Betina?

– Calma! Só achei estranho... Ele não é seu namorado?

– Quem falou?!

– Ai, Diana, para de se fazer de tonta. Você fala com o cara todo dia, toda hora, só fala dele, só pensa nele, só sai com ele e vai me dizer que isso tem outro nome?!

Odeio como a Betina tem o poder de me fazer refletir nos momentos mais inoportunos! Depois daquela indagação, fiquei sem ar e sem resposta, mas não tive como ficar sem refletir. Afinal de contas, o que o Fabrício era meu? Ele era um amigo? Um namorado? Um amigo namorado? Um namorado amigo? Que nome eu daria para nosso lance? Seria um rolo? Um rolo sério? Um amigo colorido? Aiiiiii! Odeio você Betina!

Bem, você não deve estar entendendo nada; vou rebobinar a história.

Eu conheci o Fabrício num daqueles momentos da minha vida em que eu estava querendo exterminar todos os homens da face da terra. E acho que não me faria falta (ou faria?). Nos conhecemos numa festa, na casa da Lili. Ela havia resolvido reunir alguns amigos para jogar conversa fora e um deles era o Fabrício. Lembro que naquele dia cheguei supertarde na casa dela, estressadíssima com as buchas do meu trabalho, e super a fim de tomar uma breja, quieta e esquecida no canto do sofá... Mas o Fabrício não deixou que isso acontecesse.

Fomos apresentados pela Lili e, desde então, passamos a noite toda jogando conversa fora. Até aí, nada mexeu comigo. Achei apenas que ele era um cara legal e que queria conversar, apesar de ser cinco anos mais velho (idade perfeita), ter um emprego bacana, gostar das mesmas coisas que eu, e ter um papo interessante! Trocamos telefone, MSN, *e-mail*, Orkut, e acho até que tipo sanguíneo. Porém, eu apostava que ele não me ligaria. Como sempre quebro a cara com minhas apostas, ele me ligou três dias depois me convidando para um jantar.

Saímos para jantar e, desde então, não paramos de sair, de nos falarmos todos os dias, toda hora...

O incrível é que as coisas foram fluindo tão naturalmente e eu nem me dei conta de que já fazia três meses que nosso rolo tinha começado.

– Nossa, Di... Parece que foi ontem que a gente se conheceu, né?

– Realmente, incrível como passa tão rápido.

– Tudo que é bom, a gente não vê passar. E *tá* tão bom ficar com você, sabia? A gente combina tanto.

– Olha, Fá, tenho de confessar que eu já estava desiludida quando te conheci, e achei que você seria apenas mais um...

– Eu sou o "um" que vai fazer a diferença.

– Olha só os pombinhos! – chegavam gritando Betina e Lili, no bar do Pedrão.

– Vocês demoraram!

– E você já viu a Lili ser rápida para se arrumar?

– Ai, gente, eu não posso sair de qualquer jeito, né? Afinal de contas, não estou como você, amiga; eu *tô* na pista para negócio!

– Falando nisso, e aí, quando sai o casório?

– Não exagera, Betina!

– Eu já pedi, ela que não quer, *tá* me enrolando.

– Não faz muita hora não, minha filha, porque a fila lá fora *tá* grande! – ironizava Betina.

– Mas é sério, gente, vocês formam um casal tão lindo! Deviam namorar logo, ou melhor, assumir logo, porque namoro isso já é, né? – alfinetou Lili.

Mais um ponto para minhas amigas. Na arte de me deixar sem graça, elas são mestras. E mestra também foi a Betina, com aquela pergunta...

– Ai, Diana, para de se fazer de tonta. Você fala com o cara todo dia, toda hora, só fala dele, só pensa nele, só sai com ele e vai me dizer que isso tem outro nome?! ... Diana, *hello*! *Tô* falando com você!

– Ai, Bê, desse jeito você me deixa confusa!

– Confusa por quê? Você não está gostando do cara?

– Estou.

– Você tem vontade de sair e ficar com outra pessoa?

– No momento, não.

– Então, *tá* fugindo do quê?

– Eu não estou fugindo, apenas estamos nos conhecendo.

– Amiga, e no namoro a gente também não conhece as pessoas? Olha, Di, não sei bem o que você quer, e qual é seu plano... Mas vejo que o Fabrício é um cara bacana, *tá* te fazendo megafeliz, fez reviver aquela Diana alegre... Você *tá* parecendo uma adolescente boba e apaixonada, *tá* esperando o quê? O cara te dar um pé?

– Não é isso, Bê, eu realmente *tô* apaixonadinha pelo Fá... Fazia tempo que eu não sentia esse friozinho na barriga, sabe, esse calor por dentro, essa saudade... Ele é um cara bacana, combina muito comigo, é carinhoso, atencioso, companheiro... Bem diferente dos outros que conheci... Mas eu não sei... Às vezes me sinto insegura, tenho medo de sofrer de novo.

– Só tem medo quem é covarde, amiga, e isso eu sei que você não é... Vá de acordo com seu tempo, mas vá se acostumando com a ideia de que isso é muito mais que um rolo, e ele é muito mais que um simples amigo... Isso *tá* mais para namigorado!

– Namigorado?!

Nos olhamos e começamos a gargalhar no sofá. A Betina era muito boa em inventar palavras estranhas para situações certas. Fabrício era meu namigorado – mescla de namorado com amigo, de amigo com namorado – ai que confusão. Deixa o tempo dizer, né?

Ex, a questão

Outro dia, ouvi de alguém (não me recordo quem agora, mas acho que era alguém muito esperto) a frase mais sábia de toda minha vida: "Cachorro grande e ex-mulher são duas coisas que a gente tem de respeitar". Filosofando cá com meus botões, cheguei à conclusão de que é verdade. Não é questão de respeitar por gostar, mas respeitar porque o bicho é perigoso. Tão mais o segundo do que o primeiro:

– Gente, não sei mais o que faço! – dizia Lili, furiosa na mesa do bar, naquele sábado ensolarado.

– Nossa, o que aconteceu, amiga?

– O que vai acontecer, né? Um assassinato, Betina.

– Você não mata nem mosca, vai matar quem?

– A ex-namorada do Otávio. Vocês acreditam que a danada teve a pachorra de deixar uma declaração para ele no Orkut, dizendo que ainda o amava e blá-blá-blá, e agora não para de ligar para ele?!

– Caso complicado esse, não? Ex é o pior defeito que um namorado pode ter – filosofava Betina.

– Mas e o Otávio nessa história toda?

– Ah, Diana, sei lá... Ele diz que não quer mais nada com ela, que ela é uma louca varrida, mas eu não tenho mais idade para esse tipo de disputa inútil.

– Mas que disputa? Afinal, a única que *tá* perdendo aí é ela.

– Eu sei, gente, mas, poxa... Eles namoraram tantos anos sabe... Às vezes, eu me sinto meio insegura.

– Amiga, se ele tivesse de estar com ela, ele estaria. Confia no seu taco, hein.

Aquela conversa no bar lembrou-me de um desses loucos episódios da minha vida. Uma vez eu me envolvi, ou melhor, namorei um cara que tinha uma filha, o Paulo. A gente se conheceu num congresso de publicidade, trocamos telefones, começamos a sair, e, quando a coisa começou a esquentar, veio a revelação:

– Eu tenho uma filha!

Confesso que dei uma engasgadinha na cerveja que estava tomando, mas retomei a consciência e tentei agir com a maior naturalidade:

– Jura? Nossa, que legal! E quantos anos ela tem?

– A Bia tem três anos. Olha só a foto dela.

A menina realmente era linda. Devia ter puxado ao pai – que por sinal, era um gato! Mas, falando de coisa séria, fui logo perguntando sobre o paradeiro da mãe.

– Mas e você e a mãe dela?

– O que tem? Ah... Nada a ver mais... Ficamos juntos até um pouco depois do nascimento da Bia, mas não rolou. Terminamos numa boa.

Apesar de já ter ouvido mil e uma histórias sobre se envolver com caras que têm filho, essa parecia ser bem tranquila, e tinha tudo para ter um final feliz. Resolvi investir, mesmo sob ameaças:

– Você é louca? Se envolver com um cara que tem filho? – recriminava Betina, com toda sua delicadeza.

– Nossa, gente, o que tem? O Paulo é tão bacana!

– Ai, Diana, será que você não pode começar a se envolver com pessoas menos complicadas? – questionava Lili.

– Ai, credo, parece até que o cara é um ET. Além do mais, todo mundo hoje tem filhos. Conta-se nos dedos quem não tem. E ele me falou que os dois terminaram super numa boa...

Engano meu. Boa até ela descobrir minha existência. Depois de um mês de namoro, comecei a tomar forma na vida dela, e ela, na minha. Primeiro, a Bia começou a ficar doente toda semana, incrivelmente nos sábados à noite (mais especificamente, naquele horário em que os casais fogem para o motel). Uma tosse, um espirro a mais, uma febre, uma pneumonia, uma tuberculose... Já estava começando a achar que a criança era uma mutante, para sobreviver a tantas doenças:

– Di, acho que vou me atrasar um pouco.

– Aconteceu alguma coisa, amor?

– A Bia... *Tá* com catapora. A Amanda acabou de me ligar, pedindo para eu passar lá, para levá-la ao pronto socorro.

– Ué... Mas ela não teve sarampo no sábado passado?!

– É, mas sabe como é, né?

– Sei que a Amanda tem carro e pode muito bem levar a filha ao médico. Você não precisa ir até lá.

– Como não, amor? A menina está ardendo em febre!

– Mas e os ingressos para o teatro?

– Desculpe, veja se as meninas não querem ir com você. Prometo que amanhã a gente faz algo bem legal.

Acho que, depois de ver que as doenças não conseguiram nos afastar, mesmo eu tendo ficado sozinha por algumas noites, a ex resolveu partir para o plano B:

– Di, está tudo bem? – perguntava Lili ao telefone.

– Sim... Por que o espanto?

– Você e o Paulo ainda estão juntos?

– Sim. Por que, Lili? Fala logo!

– É... É que eu entrei no Orkut dele, e resolvi fuçar a página da ex... Fiquei curiosa para ver a cara dela e... E...

– Fala, logo!

– Ela colocou várias fotos dela com o Paulo e a Bia, e escreveu que ele era marido dela. Ai, Di... Desculpe por te contar, mas será que ele não está te enganando?

– NÃO! Mas temos aí um grave caso de saúde pública!

Desliguei o telefone furiosa. Minha vontade era de fuzilar a cara dela. Mas resolvi respirar, refletir e pensar. Poxa, e se fosse eu? Com uma filha para criar sozinha? *Peraí*, poxa nada... É o meu namorado! Perdeu, *playboy*. A melhor coisa que eu tinha a fazer, naquele momento, era cobrar uma postura firme do Paulo. Afinal de contas, ele era o culpado daquela insanidade e tinha de resolver o BO. Fez sozinho, agora resolve sozinho:

– Conversei com a Amanda, e ela pediu mil desculpas. Disse que não vai fazer mais isso. Ela não sabe o que deu na cabeça dela.

– Olha, Paulo, ela pode até ser louca, mas eu não. E sei muito bem que ela quer dar uma de boa moça para cima de você, para te comover... Mas te prepara, que aí vem chumbo grosso.

Quando eu digo que mulher é bicho ruim, os homens não acreditam. E o chumbo grosso chegou, e com carga pesada. O estopim foi que a louca da ex dele descobriu o meu *e-mail* e resolveu me escrever, para tentar me convencer de que eu estava sendo enganada. O cúmulo da invasão de privacidade.

No entanto, como esperteza pouca é bobagem, a esperta começou a relatar no *e-mail* coisas que teriam acontecido entre ela e o Paulo; inutilmente, um dos dias citados era justamente quando eu e o Paulo tínhamos viajado.

Depois dessa, resolvi relaxar e assistir ao espetáculo de camarote. Não mais me abalei com os ataques; e, quer saber, as encheções de saco eram motivos de piadas internas em nosso relacionamento, ajudando a fortalecer nossa relação.

Fiquei com o Paulo por sete meses. Acabamos nosso relacionamento não pela louca da ex, mas porque ele se mudou para Portugal, e seria difícil namorar a distância. Quando ele vem ao Brasil, sempre me procura, e a gente acaba saindo, fazendo um *remember*, ou, até mesmo (que a Amanda não me leia), fazendo um passeio a três – eu, o Paulo e a Bia. Coisas da vida.

Mulher jogo duro

– Olha lá, Betina... *Tá* que *tá*, hein? Olha só aquele gato dando mole para você?

– Ai, Lili, para de graça... Você está viajando... Olha só quanta mulher tem aqui, e ele vai olhar justo para mim?

– Nossa, Betina! Para de fazer jogo duro!

– Acho bom você fazer jogo bem mole, porque ele está vindo para cá.

Era sempre assim. Mulher jogo duro. Essa era a máscara que Betina vestia. Acho que ela é a única mulher no mundo que não sente falta de homem. Ela é minha amiga, mas vamos combinar, hein? Adora dar pitaco na vida amorosa da Lili e na minha, mas quando o foco é ela, haja paciência. Nem me lembro direito do último relacionamento da Betina. Só sei, pelo que ela conta, que namorou muitos anos um cara que só pisou nela. Depois do fim, acho que resolveu se vingar de todos os homens do mundo:

– Será que agora a Betina desencalha?

– Ai, Lili, eu infelizmente já perdi as esperanças com ela.

– Poxa, mas ela bem que podia ceder, né? Olha lá que pedaço de mau caminho... Se fosse eu...

– Se fosse você, Lili, já estaria atracada no colo dele há muito tempo.

Ao contrário da nossa amiga durona, eu e a Lili fazíamos o tipo mais fácil. Eu não era tão fácil assim, mas a Lili, F-A-C-Í-L-I-M-A. Basta ser homem que ela cai dentro. Cheia de ilusões e vivendo no mundo encantado de Bob, a Pequena Sereia acha que todo peixe é príncipe; sapo vale também. Já eu faço o tipo "Sou durona, mas se você falar mais um pouquinho, caio dentro". Afinal de contas, a concorrência *tá* pesada hoje em dia; se vacilar, tem um milhão na fila.

– Bom-diaaaaaaaaaaaaaaaaaaaaaaaa!

– Ai, Diana... Você sabe que horas são? Nem clareou ainda.

– Pelo visto, a noite foi longa, né? Já é meio-dia, amiga. Quero saber de todos os detalhes – eu dizia, empolgadíssima e louca para saber o que tinha acontecido na noite passada, entre Betina e o garanhão.

– Não aconteceu nada demais.

– Como assim? NADA?

– Nada, Diana. Eu não sou assim como vocês.

– Olha a ofensa! Mas e aí...

– Aí que fui até o apartamento dele, bebemos um vinho e só.

– Só?

– Só... E ele nem é tudo isso. Vocês inflam demais os homens.

– Mas, não rolou nada? Betina, você está há um bom tempo na seca, mas quando surge a oportunidade, você cai fora?

– Não é porque eu estou sem sexo há um tempo que tenho que dar pro primeiro pedinte que aparecer, né?

Não adiantava insistir com a Betina. Tudo no tempo dela. Ô geniozinho! Mas eu já tinha me acostumado, né?

Certa vez, resolvi agitar um primo meu para ela. Mais velho, culto, inteligente... Achei que fosse o tipo certo. Pior besteira da minha vida. Resolvi fazer uma noite da pizza lá em casa, para apresentar os pombinhos. O primeiro erro foi que a Betina apareceu como se tivesse acabado de acordar...

– Que roupa é essa, Bê?

– A melhor que eu tenho.

– Betina, você vai conhecer o homem da sua vida, e me aparece com a roupa da sua vó? Vamos agora mudar esse *look*.

Totalmente contra a vontade dela, emprestei um vestido meu, a maquiei, e ela ficou lindona. Tudo corria bem, até meu primo chegar. Coitado, tentou ser gentil e trouxe um vaso de margaridas para ela. Detalhe: era a flor que Betina mais odiava no mundo, mas o coitado não era obrigado a saber, né? E a minha amiga bem que podia facilitar, e dizer que tinha gostado, mas nem agradeceu e muito menos disfarçou o desprezo.

Achei que, deixando os dois pombinhos sozinhos, seria melhor, mas, ledo engano. Os dois quebraram o maior pau e, depois, tive de passar o resto da noite tentando manter o clima de paz... Mas não deu:

– Poxa, Betina, você precisava tratar o meu primo assim? Ele só queria ser gentil.

– Diana, desde o começo eu te disse que isso não ia dar certo.

– Não deu porque você nunca quer facilitar as coisas.

– Eu?!

– É, você, Betina! Ainda está para nascer o homem que vai servir para você.

Ficamos as duas nos olhando, como cães raivosos, e permanecemos por uns dez minutos em silêncio. Até que depois de dois cigarros, Betina quebrou o gelo:

– Desculpe, Diana. Eu sei que estraguei tudo, mas é o meu jeito. Sei que você só queria ajudar, mas eu já falei que estou feliz sozinha... Você e a Lili ficam com essa mania de cupido.

– Betina, eu não consigo entender como uma mulher bonita e inteligente como você pode viver sozinha.

– Eu me acostumei a viver assim. Estou superbem.

– Mas vai viver solitária para sempre?

– Eu acho que me cansei dos homens. Na verdade, me cansei de sofrer, sabe? E homens e sofrimento são duas coisas que caminham juntas. Então, é melhor cortar o mal pela raiz.

– Mas como você é radical. Tudo por causa do...

– Nem me fale o nome dele. Não merece nem ser pronunciado.

– Você nunca comenta disso. Dói demais ainda?

– Muito mais que isso. A dor foi tão profunda que eu já nem a sinto mais, se você quer saber.

– E vai ficar velando esse cafajeste e essa dor até quando? Não *tá* na hora de se libertar?

Assim como em capítulo final de novela, Betina permaneceu pensativa. Algo, porém, dizia-me que aquela pergunta tinha causado algum efeito naquele coração gelado. Bastava saber qual seria o jogo agora.

Se até as baleias desencalham...

Estava chegando mais um daqueles dias abomináveis para qualquer solteiro (ressalva, mulher solteira). Só que esse ano, talvez, as coisas poderiam ser diferentes para mim. Isso porque eu estava com um rolinho, mas ainda assim não estava botando muita fé de que a solidão não bateria em minha porta no dia doze de junho, pois homem solteiro enrolado odeia passar o dia dos namorados com a mulher que ele está enrolando, só para ela não achar que é namoro.

– E aí meninas, alguma programação para o Dia dos Namorados? – perguntava Lili, toda empolgada.

– Nossa, essa empolgação toda é por quem, hein? – eu perguntava.

– Ai, vocês nem sabem, vou sair com o Otávio.

– Eu não acredito que você não tenha uma pessoa melhor para passar o Dia dos Namorados, Lili!

– Credo, Betina, antes ele do que sozinha... Então, liguei para ele como quem não quer nada e ele me convidou para passarmos a noite no chalé dele lá em Campos, não é demais?

– Demais seria você tomar vergonha na cara, Lili – retrucava Betina.

Antes que minhas amigas se pegassem pelos cabelos, resolvi interromper:

– Eu nem sei.

– Ué, mas e o Pierre? Como assim?

– Ah gente... Ele não é meu namorado... Quem garante que ele passará justo esse dia comigo?!

– Pelo menos, há uma pessoa sensata nesse lugar – dizia Betina.

Confesso que disse aquilo com dor no coração e também da boca para fora. No fundo de minha alma, desejava muito passar o dia dos namorados com ele. O problema é que ele não parecia desejar o mesmo.

– Acho que vou viajar com os meus amigos no dia doze. Eles me ligaram e me chamaram para ir à praia, o que você acha?

É claro que eu achava o fim da picada... Mas eu não podia cobrar um centavo sequer dele.

– E-e-eu?! Ahhhh... Vai, sim... Vai ser bom para você.

Nessas horas, agradeço por nós, mulheres, termos o dom da falsidade.

– É, *tô* pensando mesmo, vou ver, mas você vai fazer o quê?

– Eu?! Acho que vou viajar também... Com a Lili.

(Resposta rápida)

Eu e o Pierre estávamos juntos há quase seis meses. Para mim, aquilo já era mais que um namoro. Era um casamento, apesar de não assumido. O Pierre entrou na minha vida assim, meio de repente; sabe aqueles momentos nos quais você já tinha perdido a esperança? Daí chega um cara bacana, cheio de amor e carinho para dar a uma mulher carente. O que você acha que eu fiz? Caí na rede, né?

Nós nos dávamos dava muito bem. Gostávamos das mesmas coisas, tínhamos os mesmos pensamentos, ideias, líamos os mesmos livros, ouvíamos os mesmos discos, e tudo o mais. Nossa intimidade já era tanta que havia dias nos quais eu não sabia se estava no meu apartamento ou no dele. Era cueca jogada de um lado, duas escovas de dente no banheiro, várias latas de cerveja na minha geladeira. Para uma mulher que ficou tanto tempo sozinha, essa invasão de privacidade mexeu um pouco com meus miolos. Confesso, porém, que não foi tão difícil assim ter uma barba peluda roçando meu rosto quase todas as noites (hehehehe).

O único defeito desse príncipe de conto de fadas era que ele não assumia (ou fingia não assumir) que estava tendo um compromisso sério com uma mulher. Acho que era trauma. Ele já tinha namorado e noivado com uma garota por muitos anos, mas não deu certo. Daí, ele entrou na galinhagem e, depois, me conheceu.

– Poxa, Pi, você bem que podia ficar mais aqui, né? – insistia minha mente burra de mulher, para que ele resolvesse me assumir.

– Ai, gata, *tá* tão bom do jeito que *tá*. Você é livre para fazer o que quer, eu também... Gosto do nosso lance assim.

Pura ilusão achar que ele ia me assumir. Mas a esperança é a última que morre, né?

Doze de junho de um ano qualquer.

Levantei da cama como se fosse um dia comum. Fiz de tudo para esquecer que aquele era o dia cor de rosa. Fui para o trabalho e passei o dia todo me empanturrando de chocolates e fingindo que estava tudo bem, mesmo que o Pierre não tivesse me ligado uma mísera vez. Havia dois dias que ele não falava comigo.

Meio-dia. Horário do almoço. Cocei os dedos para ligar para ele, mas preferi ir chorar em um ombro amigo.

– Ai, Bê... Acho que levei um fora em pleno Dia dos Namorados... Pra variar... Mais um... Será que eu tenho algum problema? Engordei demais? *Tô* com bafo?

– Para com essa loucura, Diana. Você se esqueceu de que está lidando com o bicho homem?!

– Mas justo agora que estou apaixonada por ele?

Meu celular tocou. Era o Pierre.

– Oi, Diana.

Nossa, não me chamou de gata?! Algo estava errado...

– Você vai estar em casa à noite? Vou passar lá... A gente precisa conversar.

Depois daquela ligação, não havia mais dúvidas, tinha levado um baita fora. Fui para casa superchateada e tentando me preparar...

De repente, a campainha tocou. Era ele. Detalhe que eu estava de pantufas e pijama. Ele entrou quieto, me deu um selinho frio, sentou no sofá. Ofereci uma cerveja, ele aceitou. Fiquei rodando feito barata tonta, enquanto ele tentava desengasgar.

– Fala logo, Pierre. O que aconteceu?! Você está me matando!

– Por que vocês mulheres são tão ansiosas?! Para que tanto nervoso?

– Como assim, ansiosa?! Você some dois dias, me liga hoje me botando terror e quer que eu fique calma? Infelizmente eu ainda estou só na primeira aula de *yoga*.

– Eu estava pensando...

– No quê?

– Na gente!

Silêncio mortal.

– Já sei... Você quer terminar, né? Eu entendo... Já esperava um pé na bunda mesmo...

– Será que você vai me deixar terminar de falar?! Olha, eu sei que não sou uma pessoa muito fácil de lidar... Quando me envolvi com você, não queria nada sério com ninguém... Mas foi ficando tão sério e de uma forma tão natural que eu entrei em paranoia... Mas pensei bastante e cheguei à conclusão de que... Você é a mulher da minha vida. E por que não tentar mais uma vez?

– Isso é um pedido de...

– Namoro? Isso mesmo. Diana, quero namorar você. Aceita?

Genteeeeeee... Preciso responder?!

Naquela noite, os anjos fizeram um coral no céu ao som de *Aleluia*, e os santos se animaram por finalmente receberem as recompensas por minhas promessas.

Aquele porre

Primeiro porre é como primeira vez. Todo mundo vai ter um dia, nem sempre é bom, e ninguém nunca mais esquece. Apesar de ser uma experiência vivida por muita gente, os efeitos não são os mesmos para todo mundo. Porém, as desculpas de quem quer tomar um porre são quase sempre as mesmas.

Tem gente que toma um porre para se libertar. Sabe aqueles caras, ou aquelas minas, que são tímidos, mas aproveitam a bebedeira para se libertar das amarras, e acabam dançando o "Creu" em cima da mesa do bar, na maior naturalidade, sem sentir a menor culpa? Ou para dar para o primeiro cara que aparece, acordando descabelada no dia seguinte, na cama de um desconhecido, sem o menor pudor?

Tem gente que toma um porre para afogar as mágoas, o típico porre romântico. Levou um fora do gato e precisa de um consolo. Nada melhor do que um porre para consolar. O porre, nesse caso, torna-se o melhor terapeuta que alguns podem ter. É beber e chorar, chorar e beber, na ordem que você quiser.

Tem gente que toma um porre para socializar. Já parou para pensar que, se não fosse aquele porre, muita gente por aí não teria amigos?

E tem gente que toma um porre porque simplesmente quer tomar, e pronto! "Hoje eu vou tomar um porre, não me socorre que eu tô a fim...".

Geralmente, costumo tomar um porre seguindo essa última opção. Simplesmente porque *tô* a fim.

– Diana, não acha que está na hora de parar? Já bebeu demais por hoje!

– Ihhhhh, Betinaaaa... *Pó* parar... Eu avisei que hoje eu queria sair para beber, e eu vou beber até cansar... Eu vou tomar um porre, não me socorre que eu *tô* afim... Larga a mão de ser chata.

– Vixi, Betina, quando começa a cantar é que o negócio *tá* feio, hein? – dizia Lili, reconhecendo os sinais de que eu já havia bebido demais.

– OK, Diana, não quero cortar o barato de ninguém, mas já são quase cinco horas da manhã, e a gente está aqui desde às dez da noite de ontem!

– Olha, eu fui... Vocês são muito chatas, sabia? Eu vou dançar que eu ganho mais... Uhuuuu!

Não sei como, e qual foi a ordem dos fatores; só sei que amanheci no dia seguinte com a maior dor de cabeça, daquelas em que um simples barulho de folhas se parece com um tiro de canhão ao pé do ouvido.

– Hora de acordar, mocinha.

– Ai, Betina, fecha essa janela, pelo amor de Deus. – eu disse, cobrindo o rosto para me esconder dos raios solares que se infiltravam em minha mente. Que horas são?

– Hora de acordar, moça. Mas você abusou ontem, hein?

– Eu?! Não consigo me lembrar de nada.

– Talvez porque você apagou, e tivemos que pedir pro Pedrão te carregar até o carro, né? Nunca vi... Vai ter pique assim para beber, hein?

– Só sei que minha cabeça *tá* doendo muito... Eu não vou levantar da cama hoje.

– Acho difícil que isso aconteça, hein? O Pierre já ligou umas dez vezes atrás de você.

Antes que eu pudesse dizer qualquer coisa, minha campainha tocou, e o Pierre entrou como um furacão no quarto:

– Caramba, Diana, custa atender a p... do celular?!

– Tchau, gente, tenham um ótimo dia! – disse Betina, saindo pela tangente, e já sentindo que o clima ia esquentar.

– Ai, que estresse, Pierre. Eu estava dormindo.

– Até essa hora? A farra foi boa ontem, hein? E que cara é essa? Aposto que você bebeu até cair. Já falei para você que isso é ridículo, e que eu não quero mulher minha bebendo em porta de bar.

– Menos, Pierre, muito menos. Em primeiro lugar, eu não sou sua. Não *tô* à venda. Somos apenas namorados. Segundo, pimenta nos olhos dos outros é refresco, né?

Eu acho os homens engraçados. Nós somos obrigadas a aguentar a ressaca deles, depois de várias noites de bebedeira, e com a gente isso não pode acontecer?!

Mas eu estava acostumada. Era sempre assim. Toda vez que eu tomava um porre, o Pierre me dava um sermão. Eu fingia que escutava tudo, mas, na verdade, só conseguia me concentrar na minha dor de cabeça. No fim, sempre acaba tudo bem; ele me ajuda a tomar banho, prepara uma comidinha para mim e terminamos o dia com os pés coladinhos, se é que me entende.

A Lili é o tipo de bêbada romântica e chata. Quase nunca bebe, mas, quando resolve, é sempre para afogar as mágoas. Tudo bem, se eu e Betina não tivéssemos que ficar aguentando a noite toda nossa amiga se lamentando pelo canalha do Otávio.

– Ele não podia ter feito isso comigo... Eu faço tudo por ele, Di. Ele não me ama mais? – dizia Lili, segurando sua décima caneca de chope.

– Ele te ama sim, Lili – nessa hora, nunca é bom contestar. A situação pode ficar pior e o porre ficar eterno.

– Não, ele não me ama, não. Como pode fazer isso comigo? Você acha que ele me ama mesmo, Betina?

– Lili, já chega! Hora de criança ir para cama, né?

– Não... Eu vou beber até morrer... Ele não me quer mais, e eu não tenho por que viver... Minha vida é uma desgraça...

O pior momento do porre da doce Lili era quando começava a chorar. O choro seria perdoável, se não fosse um berro, e as pessoas do bar não ficassem olhando para nossa cara, espantadas. Depois do choro, vinha a ânsia, e, na sequência, o vômito. É nessas horas que a gente vê que amigo é mesmo para qualquer parada.

Sempre terminávamos a noite carregando Lili pelos ombros e ouvindo, o caminho todo, as lamentações sobre o amor questionável do Otávio por ela. No fim, caía num sono profundo, e acordava na manhã seguinte, envergonhadíssima pelo que fez a gente passar. Desculpas mil, mas nós sabíamos que, no próximo fora, começaria tudo de novo.

Soltar as feras era o motivo para que a durona da Betina caísse na bebedeira total. Minha amiga é a mais centrada de todas, nunca quer dar o braço a torcer, e vive recriminando nossas atitudes, mas quando ela ficava de porre, aprontava mais do que nós duas juntas.

– Hoje, eu vou deixar a vida me levar, hein? – dizia Betina, com um copo de uísque na mão, e sambando no meio da balada.

A imagem pode soar um pouco forte para vocês, minhas amigas, mas essa era a Betina depois de cinco copos de uísque com altas doses de energético.

Confesso que, em alguns momentos, prefiro a Betina bêbada; se não fossem as confusões que ela arrumava para gente.

– Diana, eu não *tô* acreditando... Olha lá onde está a Betina...

Simplesmente, nossa amiga estava em cima de uma mesa (quase caindo) dançando o "Creu".

– Minha nossa, esse porre é dos bons, hein.

– Betina, desce daí, pelo amor de Deus... Você vai cair...

– Uhu... Subam meninas... Créu-créuuuu...

A gente não subiu, mas a "homarada" de plantão resolveu fazer companhia a ela que, em poucos segundos, desapareceu. Ficamos até o final da balada, esperando o retorno de Betina, o que foi em vão. Era sempre assim. Ela bebia, dançava como uma louca na pista, e acabava perdida com alguém na noite.

– Bom-dia, Cinderela! – eu disse, ao telefone, para a perdida da Betina, que já tinha voltado ao ninho.

– Ai, Diana, eu estava dormindo...

– E posso saber com quem?

– Como assim, com quem?

– Não se faça de louca, Betina... Você sumiu depois da dança do "Créu".

– Dança do "Créu"?!

– E com direito a dançarinos e tudo... Você arrasou dançando *funk* em cima da mesa...

– "Creu"?! *Funk*?! Em cima da mesa?! Minha nossa senhora, eu preciso parar de beber.

Mamãe, eu quero ser...?

– Nossa, Lili, espero que seja algo muito importante o que você tenha a dizer! Não foi nada fácil dobrar o meu chefe... – disse, toda esbaforida, suada e curiosa pelo que Lili tinha de tão importante a nos falar. Tão importante que não pôde esperar, e nos escalou para um "encontro-plantão", no meio do expediente.

– Acho bom mesmo! Não é porque eu sou autônoma que não tenho nada a fazer, hein? – resmungou Betina.

– Calma, gente... Vocês não vão se arrepender.

– Então, fala! – gritamos.

– Eu acho que estou grávida! – disse Lili, como uma criança que estava prestes a ganhar a tão esperada boneca no Natal – Não é ótimo?

Fiquei tão surpresa que não consegui expressar reação. Deixei que o veneno da Betina falasse por mim.

– Como assim, grávida? E o que você vê de ótimo nisso, Lili?!

– Vai ser o máximo! Vocês vão ser titias! – disse, batendo infantilmente palminhas e nos dando um abraço apertado.

– *Peraí*, Lili! Como assim “acha que *tá* grávida”? Ou você está, ou não está!

– É, Diana... Faz um mês que minha menstruação está atrasada, ando me sentindo meio diferente, sabe...

– Mas você já fez o teste?

– Por isso mesmo chamei vocês aqui.

– Agora, tenho cara de mãe Diná, por acaso? – disse Betina, já vermelha de tanta raiva com a felicidade de Lili diante de notícia tão absurda.

– Chamei vocês aqui, pois quero que venham comigo até a farmácia, comprar um teste. Daí a gente vai pro meu apê, e fazemos o teste lá. Eu não poderia de deixar de dividir esse momento com vocês... Eu sempre sonhei em ser mãe... E na descoberta da maternidade, vocês têm de estar comigo.

– Amiga, eu adoraria estar com você... Apesar de eu ainda estar tonta com tudo isso... Fico muito feliz por você, mas, se eu não chegar daqui a meia-hora no meu trabalho, eu estou na rua! Bê...

– Já sei, já sei... Lá vai a mãe Betina... Vamos fazer assim, eu vou com você, Lili... A gente compra o tal teste e, à noite, a Diana passa lá na sua casa, e fazemos o teste juntas, OK?

Confesso que voltei para o trabalho e passei o resto do dia ainda um pouco tonta com a notícia da Lili. Não sei se me espantava mais pelo fato de ela ser mãe, ou de eu me tornar titia... Tão nova, e sem casamento?! Seria esse o meu fim?

À noite, corri para a casa da Lili, e ela estava ansiosíssima me esperando. A Betina já tinha fumado uns dois maços de cigarro de tanto nervoso com a falação da Lili, que contava seus planos com o bebê.

– Ainda bem que você chegou. Eu não aguentava mais esse papo de fralda, mamadeira...

– Desculpa, gente, eu tentei sair o mais rápido possível. E aí, fizeram o teste?

– Eu prometi que ia esperar vocês duas aqui. Vamos lá ao banheiro?

– *Peraí,* Lili. E o pai da criança? Cadê? Quem é?

– Diana, deixa de ser ingênua... É claro que o pai do pivete é o cachorro do Luis Otávio.

– Lili do céu! Ficar com o Otávio já era a maior merda da sua vida, agora engravidar dele é um cagaço total. Como isso pôde acontecer? Você não *tava* tomando pílula?

– Ai, gente, eu não sei... Eu *tô* me prevenindo... Mas, sei lá, vai ver a pílula é de farinha, né? Mas não importa. Vamos fazer o teste logo.

Trinta longos e intermináveis minutos depois, Lili saiu do banheiro cabisbaixa e silenciosa.

– E aí? Deu positivo?

– Fala logo, Lili.

– Dá essa bosta aqui logo... Hmmmm... Faixinha rosa, faixinha azul... Hmmmm – Betina arrancou o teste da mão da Lili.

– Deu negativo – disse.

– Ufa, você não está grávida! – respirei aliviada.

– Não estou nem aí para a porcaria desse teste, mas eu não vou desistir!

– Como assim, não vai desistir?!

– Amanhã mesmo vou ao laboratório fazer um teste. Sempre me disseram que esses testes nunca erram para o positivo, mas para o negativo. É de duvidar.

Não adiantou retrucar, muito menos fazer que minha amiga desencanasse da ideia de ser mãe. Parecia que o espírito materno tinha tomado conta do ar.

Era domingo, almoço de família na casa do Pierre. Os homens estavam na sala, assistindo ao tradicional jogo das quatro da tarde, e as mulheres fofocavam em seu *habitat* natural, a cozinha:

– Nossa, mas que maravilha, Patrícia... Um filho é sempre uma benção... – dizia Luzia, a tia do Pierre, para a prima dele, que estava grávida de dois meses, e revelara o fato naquele almoço, para a família.

– E você, Diana, não pensa em ter um também? – essa era a pergunta que eu sabia que viria, mas que tinha a esperança de que não viesse.

– Ainda não, tia Luzia. Tenho muitos planos ainda.

– Vai esperar até quando, minha filha?! Já *tá* quase com 30 anos nas costas. Se esperar mais, vai virar "mãe–avó"! – naquele momento, sairia uma resposta afiadíssima para aquela gorda da tia Luzia, mas minha querida sogra fez o favor de me interromper.

– Ah, eu adoraria ter um neto mesmo... E acho uma ótima ideia você e o Petico providenciarem isso. Já passou da hora... Todas as minhas amigas têm neto, menos eu.

Resolvi não encarar essa briga pela maternidade, mas saí de lá me sentindo um ser extraterrestre por querer ser, ao mesmo tempo, normal e não compartilhar do espírito materno.

– Amor, sua mãe e sua tia me pressionaram hoje para que eu tivesse um filho. – disse ao Pierre, enquanto assistíamos a um filme no sofá do meu apê.

– Jura?! Até que não seria má ideia? Eu sempre quis ter um pivete... – disse o Pierre, como um garoto de dez anos que abre seu presente de Natal. – Se você quiser podemos fazer agora mesmo.

– Para, para Pierre, eu *tô* falando sério!

– Mas eu também, ou você acha que eu *tô* brincando? Acho que poderíamos mesmo pensar em ter um filho.

– Você *tá* ficando louco, né?

– Não entendo qual o problema, Diana... A gente *tá* junto há um ano, somos adultos, crescidos, praticamente moramos juntos...

– Falou e disse, "praticamente"... Mas não somos casados. Mal consigo me sustentar.

– Já te falei que isso não é problema, mas pensa no assunto, e, depois, a gente volta a falar disso.

E eu realmente pensei. Era o que eu mais pensava naqueles dias. Eu deveria ser mãe agora? Não estaria cometendo uma loucura? E para me deixar mais doida, a mãe do Pierre não parava de falar; ela sonhava com a ideia de ser avó. O Pierre, para ajudar, também viajou na ideia. Resolvi ligar para a pessoa mais sã do planeta:

– Bê... Eu não sei mais o que eu faço... Não aguento mais ouvir... "Você tem de engravidar", "Eu quero um filho", "Eu quero um neto"... *Tô* ficando louca! Outro dia, até esqueci de tomar meu anticoncepcional, acredita?

– Relaxa, Diana... Isso é normal... Sua sogra *tá* empolgada com o sobrinho, mas daqui a pouco, ela vê que não é bem assim.

– Espero. Teve notícias da Lili?

– Ai, nem me fala dela. Tem me ligado todos os dias para falar da ansiedade com o resultado... Inclusive, pediu que eu ligasse pra você, porque quer todas juntas lá no laboratório.

– Minha Nossa Senhora, como a Lili é dramática! Já transformou a gravidez dela em *reality show*!

E o tão esperado dia do resultado chegou. Fomos as três para o tal do laboratório. Lili chegou tão nervosa que nem conseguiu pegar o envelope. Fui retirar no nome dela. Como em uma cena final de filme de suspense, Lili abriu o envelope. Respirou, suou frio, pensou e abriu:

– Eu NÃO acreditooooo! – berrou.

– *Tá* grávida?

– Não, Diana, eu não estou grávida! Como assim?

Enquanto a Lili se desconsolava, eu e Betina comemorávamos.

– E vocês comemoram?

– Ai, Lili, relaxa... Continua treinando, mas vê se com a pessoa certa. – eu disse.

– Só vocês mesmo para verem graça nessa situação. Eu queria tanto ser mãe. Já tinha até comprado uma roupinha de bebê, pesquisei berços... Jurava que eu estava grávida.

– Mas não está! E vamos "bebemorar", pois a vida é bela. Vai ver, foi um sinal de que o Otávio não te merece, e muito menos merece ser o pai do seu filho – disse Betina, toda animada e aliviada, por não ter mais que ouvir as ladainhas maternais da Lili.

Eu confesso que fiquei triste pelo fato de a Lili não realizar o sonho de ser mãe, mas também me senti aliviada por tirar das minhas costas a sensação de que eu teria de ser a próxima, ou, pior ainda, que eu teria de ser titia.

Mulheres que amam demais

– Nossa, Lili, como você está magra! Tudo bem que precisava perder uns quilinhos, mas não precisava virar um esqueleto! – comentava, ao encontrar minha amiga com a pior cara do mundo, enfurnada em seu apê.

– Aposto que isso tem o dedo de um tal de Luis Otávio...

– Não me fala o nome desse canalha, Betina! – dizia a amante enfurecida.

– Calma! Meu Deus, o que ele fez dessa vez? – perguntei assustada com a reação da Lili.

– O Luis Otávio terminou comigo... Ontem...

– E qual a novidade nisso?

– Pega leve, Betina... Não está vendo que a coisa não *tá* boa?

– Pega leve o CARAMBA! Isso não é mais novidade para ninguém aqui. Eu já perdi as contas das vezes que você e esse canalha do Otávio terminaram.

– Nisso, eu tenho que concordar, Lili. A Betina está certa. Vocês terminam praticamente quatro vezes por mês. Você nem tinha de se assustar mais com isso.

– Para vocês duas, que são corações gelados, é fácil falar, né? Parece até que não me conhecem.

Realmente, parecia que, naquele momento, por um instante, Betina e eu havíamos esquecido quem era a Lili. Minha amiga é uma mulher romântica por natureza que faz de toda história de amor um conto de fadas. Ela acredita em príncipes encantados, montados em lindos cavalos brancos. O problema é que os príncipes não aparecem para ela, ou, melhor, ela insiste em escolher os dragões, e acha que são príncipes, entende? Daí, quando o dragão solta seu fogaréu e abandona a princesa, Lili entra em depressão e sofrimento profundos. Ela é a típica "mulher que ama demais". Se não bastasse amar demais, minha querida amiga sofre demais também; e por quem nunca merece seu sofrimento.

Naquele dia, Lili estava enfurnada em seu apartamento, porque levara um fora do seu dragão encantado, o Otávio. Um sedutor pirata, um canalha de primeira. Porém, foi por ele que Lili se apaixonou, e é capaz de morrer, se for preciso.

– *Tá*, Lili, não adianta te convencer de que o Otávio não presta. Mas, *peraí*, vai ficar nessa cama até quando? – dizia Betina, já sem paciência com mais uma das crises de amor da Lili.

– Me deixem em paz, eu vou ficar aqui até ele voltar. Eu não tenho forças para levantar.

– E se ele não voltar? Vai morrer aí?

– Quem sabe assim, Diana, ele se dá conta de que eu o amo de verdade.

Estava difícil convencer Lili a levantar daquela cama. Assim, já que ela não sairia da cama, nós também não saíríamos do apê dela. Para passar o tempo, resolvemos fazer uma faxina no chiqueiro. Quando Lili entra em suas crises depressivas, se tranca no quarto, não toma banho, esquece de comer, e também não mantém o mínimo de higiene e limpeza da sua casa. Parece loucura, pode até ser um transtorno psicológico, sei lá, mas é a pura verdade. Pura e dolorosa verdade:

– Amiga, já que você não quer sair da cama. Nós também não vamos te abandonar. Não arredamos o pé daqui! – dissemos Betina e eu, nos juntando a nossa amiga deprimida, com um balde de pipocas na mão.

– Lili, você já tentou procurar ajuda? Outro dia você comentou que estava fazendo terapia.

– Parei. Terapia para quê? Aquela mulher só sabia dizer que eu tinha que largar do Otávio, que ele não fazia bem para mim, que eu estava me autodestruindo.

– Ah (risos). Talvez ela estivesse certa né, Lili? – questionou Betina.

– Você tem que insistir. Uma boa terapia é o único remédio que pode te ajudar a lidar com esses sentimentos. Não adianta ficar fugindo da verdade, né? Ela é dura, mas necessária.

– O que vai ser da minha vida sem ele? Eu não posso ficar sozinha, eu não sei ficar sozinha... Me sinto sem chão... *Tô* com uma dor no peito que parece que vou enfartar... Tenho falta de ar durante o dia, não tenho fome, não tenho sono... Perdi a única coisa que dava sentido a minha vida.

– Não seja exagerada, Lili. O Otávio podia te dar tudo, menos sentido. O Otávio suga as suas energias. Olhe para você. Olha o estado em que ele te deixou? – eu insistia, tentando fazer que minha amiga abrisse os olhos.

Por mais que a gente tentasse argumentar, não entrava na cabeça dela que sofrer daquele jeito não adiantaria nada. O problema é que aquilo não era normal. Era uma doença. E eu ali, naquele quarto, vendo minha amiga definhar por causa de um canalha que não vale uma pipoca molhada, sentia-me impotente.

Eu sou do tipo de mulher que também sofre por amor, mas é um sofrimento na medida. Pelo menos, eu acho. Toda vez que brigo com o Pierre me sinto muito mal. Não tenho fome, e também fico triste por dias e dias. Nada, porém, que se compare ao sofrimento que Lili sente.

Lembro-me apenas de um único episódio que me levou a sofrimento extremo. Eu devia ter uns vinte anos. Jovem, cheia de sonhos e esperanças. Presa fácil para qualquer sem-vergonha. Acabei me apaixonando por um garoto do último ano de Medicina, que morava no mesmo *campus* que eu. Nos conhecemos numa dessas festas de faculdade, e ficamos, e ficamos, e ficamos. O rolo já estava bem sério. Ele me apresentava para todos os amigos como sua namorada, até fui visitar os pais dele em Ribeirão Preto. Era *love is in the air* total.

Num final de semana, porém, fui para São Paulo, visitar minha família e disse a ele que voltaria em dois, três dias. Insisti para que ele me acompanhasse, mas ele disse que teria de estudar para um exame complicadíssimo de anatomia humana, que ele teria nos próximos dias.

Por conta de alguns imprevistos, acabei voltando um dia antes. Resolvi, então, fazer uma surpresinha para o meu amado. Fui correndo para o quarto dele, no *campus*, e, sem hesitar, abri a porta, cheia de saudades, e presenciei seu estudo de anatomia, matéria que ele estava "praticando" com a minha melhor amiga e colega de quarto. Não teve tempo para explicações, nem discursos.

Tive a sensação de que o chão tinha saído debaixo dos meus pés. Voltei para a casa dos meus pais e passei uns quinze dias de cama. Não queria comer, nem dormir, nem tomar banho. Só chorava. O tempo inteiro. E sentia uma dor imensa no peito, que doía, dava pontadas. Meus pais, obviamente, achavam que tudo aquilo era loucura, mas, com o passar dos dias, começaram a ficar preocupados com o meu estado de depressão profunda.

Achei, literalmente, que eu morreria. Só consegui me recuperar por ajuda divina. Até hoje, não sei como consegui me levantar da cama. Prometi a mim mesma que nunca mais ficaria assim por ninguém.

Passamos aquela noite toda no apartamento da Lili. Com muito custo, conselhos e broncas, ela conseguiu pegar no sono. Eu e Betina ficamos a noite toda "pescando", pois, de preocupação, a gente não conseguia dormir. Para não atrapalhar a primeira noite de sono da Lili, depois de muitas mal-dormidas, fomos fofocar e fumar na varanda:

– Sabe, eu não consigo entender por que a Lili fica desse jeito.

– Ela ama demais, Betina.

– Tudo bem querer amar, mas sofrer nesse extremo é loucura! Qualquer dia ela se mata por isso.

– Vira essa boca para lá, Bê.

– É verdade... Isso tá ficando cada vez mais sério... Pensei até em ligar para a mãe dela, mas...

– De nada adiantaria. Aquela dondoca da mãe dela só quer saber de tomar pílula para retardar envelhecimento, e traçar garotinhos. Nunca vi família mais desequilibrada.

– Vai ver é por isso que a Lili fica assim, né?

– Meninas? – disse Lili com a cara amassada, na porta da varanda.

– Lili?! Desculpe, te acordamos? – perguntei.

– Vocês passaram a noite toda acordadas?! Nem sei como agradecer pelo carinho, mas vocês não podem anular a vida de vocês pela minha.

– Você é que não pode anular a sua, amiga – dizia Betina.

– Podem ir embora. Eu vou ficar bem.

– Vai mesmo?

– Vou sim, Diana – ela disse, me dando um abraço e um beijo.

– Promete que vai dar notícias?

– Prometo, Betina!

Fomos embora de coração partido, apesar de sabermos o fim daquela história, sempre o mesmo. Em poucos dias, o Otávio apareceria. Ia se declarar de maneira fajuta. Ela acreditaria, e eles iriam viver mais um conto de fadas pirata até o próximo pé na bunda, no qual Lili ia sofrer demais. Demais por amar demais.

Rata de promoção

"Não, eu não vou olhar". "Se segura, Diana. Você vai resistir... "Ai, meu Deus, que tortura chinesa!". "Ai, não deu". Entrei, provei, comprei. A cena era sempre a mesma quando eu me deparava com uma loja de sapatos. Sou fanática por sapatos. Quando passo em frente a uma loja, parece que um imã me suga, e eu não consigo resistir. Contudo, pior do que ser maníaca por sapatos, é ser tarada por promoção. Sou uma rata de promoção. Mas, qual mulher não é?

Maldito seja quem inventou estas palavrinhas mágicas: PROMOÇÃO, LIQUIDAÇÃO, DESCONTO. E mais maldito ainda esse primo lorde inglês, que deu uma melhorada no conceito, deixando-o ainda mais atraente: OFF. Essas palavrinhas soam como música aos meus ouvidos.

Aquele era mais um dos dias em que eu não tinha conseguido resistir aos sapatos. Vi um par lindo, que eu tanto estava namorando, e em promoção?! Tinha de entrar e comprar. Seria um crime se eu não tivesse feito isso. Entrei, comprei e pronto. E que importância faz se eu já tinha um igual? Era de outra cor, né...

– Que sapato lindo, Di! – babava Lili no meu novo sapato.

– Comprei essa semana. Não resisti. Em promoção, gente?! Tive de comprar. Cartãozinho de crédito nele, dez vezes sem juros...

– Depois reclama que fica toda endividada... – resmungava a sobrinha do Tio Patinhas, Betina Maria.

– O que importa é ser feliz, Betina! Dessa vida é isso que a gente leva... Depois a gente vê como paga...

– Eles são lindos mesmo, mas... *Peraí*, você não tem um vermelho desses?

– É, Lili, pois é... Eu tenho um preto e um vermelho... Mas, eu não tinha o roxo, né? Vai combinar direitinho com um brinco que eu tenho...

– Diana, qualquer dia você vai ter de sair de casa, para seus sapatos entrarem! – exclamava Betina.

– Meninas, sábado vai rolar um bazar de multimarcas irado... Só marcas internacionais... Vamos, né? – comentei.

– Nem precisa insistir... Eu tô dentro! – concordava minha companheira de compras, Lili.

– Nem adianta me olharem desse jeito. Eu estou fora! Ficar naquela loucura se estapeando por uma roupa?! Deus me livre!

– Depois reclama que só tem roupa velha. Você está intimada a ir conosco, Betina. Você *tá* precisando urgentemente renovar seu guarda roupa! – intimava Lili, porque ela até podia não saber nada de homens, mas de moda, disso ela entendia.

– Gata, vamos para a praia amanhã, *tá*? – intimava meu querido namorado Pierre, esparramado no meu sofá, naquela noite quente de sexta-feira.

– Como assim?! E você me avisa agora? Eu não vou.

– E posso saber o porquê?

– Tenho um compromisso inadiável amanhã.

– E posso saber com quem?

– Amanhã vai rolar um mega bazar, e eu vou com as meninas. Não posso perder.

– E deixar de ir para praia comigo você pode? Diana, comprar roupa para quê?

– Como para quê? Eu estou praticamente pelada... Não tenho nada para vestir... Além do mais, nunca perco uma promoção.

– Depois fica chorando as pitangas para mim, que não tem dinheiro para pagar o cartão, né?

– Vai ficar jogando na cara agora, é? Pode deixar que eu me viro para pagar minhas contas, OK?

– Não precisa ficar brava... Só acho que você anda gastando demais com roupa... Nunca vi... Por que mulher tem essa mania de comprar roupas sem parar?

– Talvez porque a gente não queira ser como vocês... Sempre a mesma bermuda bege, a mesma camiseta branca... E você não tinha de reclamar não... Eu quero ficar bonita para você.

– Linda, até de trapo você fica bonita, OK? E aí, vamos à praia?

– Posso até ir, mas só depois que eu comprar um biquíni lindo, que eu já vi, e que está com 30% de desconto...

Não adiantava. Nem pelo Pierre perco uma promoção.

Sábado. Trinta graus. Seis horas da manhã. Eu, Lili e Betina já estávamos com o pé na estrada, rumo às compras. Eu e Lili seguíamos alegres, a cantar e a imaginar o que compraríamos no bazar. A Betina, com seus óculos escuros, permaneceu bicuda e calada o tempo todo. Quando abria a boca, era para reclamar do calor, da demora e da loucura que ela estava fazendo por nós.

Depois de duas horas de estrada, chegamos ao *outlet*. Foram mais 30 minutos para achar uma vaga no estacionamento, e mais uma hora em pé, na fila, esperando a porta da esperança abrir. Mas, vale tudo para comprar, né?

– Gente, vamos embora. Olha isso... A gente não vai conseguir comprar nem uma calcinha.

– Larga mão de ser chata, Betina. Até parece que eu vou embora justo agora. – dizia Lili.

– Parem de brigar e vamos logo, que a porta abriu.

Parecia uma boiada em disparada. Loucura total. Tropecei no pé de alguém, quase perdi a bolsa, e me perdi das meninas. Mas, conseguimos nos reencontrar e entramos na nossa loja preferida, a Mary's. Acho que dei soco numas dez, pisei no pé de umas vinte, até briguei com uma loura empinada por causa de uma blusinha que eu peguei primeiro, e a folgada ainda disse que a blusa não serviria em mim.

Depois de beliscões, empurrões, pisadas no pé, muito calor e três horas na disputa por roupas boas e baratas, consegui sair de lá cheia de sacolas e feliz da vida.

– Ué, cadê suas sacolas, Betina? – eu perguntava, boquiaberta, ao ver a Betina de mãos vazias.

– Vocês acharam mesmo que eu ia me estapear nesse lugar?

– E perder a oportunidade de comprar uma Mary's com 90% de desconto? Você é maluca mesmo, Bê... Mas, não se preocupe. A gente comprou umas coisinhas novas para você.

Entramos no carro e enfrentamos mais duas horas de viagem, felizes da vida e satisfeitíssimas pela economia ilusória que fizemos, mas valeu a pena. Uma promoção sempre valerá. Aguardo a próxima!

Discutindo a relação

Crise... Eu sempre ouvi falar que todo casal – namorado, casado, enrolado ou amante – um dia vai passar por uma crise. Seja hoje, amanhã ou depois, ela vai chegar. E a minha havia chegado. E, num momento como esse, nada melhor do que conversar e beber umas cervejas (na ordem que você quiser) com suas melhores amigas...

– Que cara é essa, Diana? – perguntava Betina, percebendo que eu não estava nada bem.

– Meu namoro está uma merda! – eu disse, ao dar o último gole na cerveja e bater o copo com força na mesa.

– Nossa, mas o que o Pierre fez?

– Esse é o problema, Lili... O Pierre não fez nada... Não faz nada...

– Então, eu não *tô* entendendo, Diana... Você está querendo terminar seu namoro, é isso?

– Ai, Bê... Eu não sei... Não é isso... Eu gosto do Pierre, mas *tá* tudo muito na mesma, a mesmice de sempre, sabe? O mesmo beijo, os mesmos filmes, as mesmas meias amarelas que ele usa deitado no sofá de casa, as mesmas posições... Esse mesmo do mesmo *tá* me irritando... Sem contar que eu não aguento mais vê-lo enfurnado na minha casa.

– Quem não te conhece que te compre, hein, Diana?! Nunca vi pessoa mais confusa.

Minhas amigas estavam certas. Eu estava confusa. Ou melhor, nós, mulheres, somos confusas. Queremos sempre aquilo que não nos dão, e se nos dão, não queremos mais. Se tenho o preto, quero o branco, se *tá* gelado, quero quente, se está inverno, quero verão... Ai, meu Deus, bem que Eva poderia ter facilitado.

Eu e o Pierre estávamos juntos há um ano e meio, e parecia (pelo menos para mim) que a gente tinha caído na rotina. Tudo que eu sempre odiei (e temi!) num relacionamento era a rotina. Já vi muitos relacionamentos que morreram por causa dela. No começo, nosso namoro foi fogo, paixão, surpresas, novidades. Só que agora a gente parecia um casal que acabara de completar bodas de ouro, com a vidinha programada. Nós nos víamos nos mesmos dias de sempre, nos falávamos na mesma hora cotidiana, ele sempre chegava na minha casa e fazia as mesmas coisas, até na cama a gente já não inventava mais (será que eu já tinha testado todas as posições do *Kama Sutra*?). O que eu sabia é que daquele jeito não dava mais para ficar.

Domingo. Três horas da tarde. Como sempre, o Pierre estava deitado, com meias amarelas, no sofá da minha casa embaixo do meu edredom preferido, lembrança de infância, trocando de canal. Como sempre, ele pediria que eu sentasse do ladinho dele, fizesse cafuné, o clima ia esquentar e a gente ia transar até o jogo do Corinthians começar. Foi dito e feito.

– *Amore...* – pediu, com voz de gatinho manhoso – Senta aqui do meu ladinho e me faz um cafuné?

– Não quero. Não *tô*! – eu disse, debruçada na sacada do apartamento, enquanto olhava o movimento na rua para ver se me animava um pouco.

– Mas você sempre faz isso?! – questionava o gato manhoso com voz de criança mimada.

– Por isso mesmo. A gente sempre faz isso.

– Não *tô* te entendendo, Diana... O que foi que eu fiz?

– Nada, Pierre, você nunca faz nada.

– Você está de TPM?

– Caramba, meu Deus... Será que nós, mulheres, não temos o direito de ficarmos com a pá virada sem estar de TPM?!

– Claro que tem, desde que eu entenda o porquê de você estar tão irritada assim.

– Será que você não percebe que estamos vivendo uma crise, Pierre?

– Crise?! Que crise? Eu não estou vendo crise nenhuma... Isso deve ser coisa da sua cabeça, Diana.

– É sempre coisa da minha cabeça, né?

– Quer saber de uma coisa? Eu vou embora, e amanhã a gente conversa, quando você estiver mais calma.

– Ahá... Homens, homens... São todos iguais. Sempre saindo pela culatra para evitar discutir a relação, né? Mas tudo bem... Pode ir... Vá, mas vá e só volte quando eu pedir.

Pierre me olhou com raiva e, também, como quem não estava entendendo o porquê de ter sido o alvo da minha fúria. Pegou suas coisas e saiu batendo a porta sem dizer nada. Eu sei que estava colocando em jogo o meu namoro e que ele poderia nunca mais voltar, mas eu precisava nos testar. Uma coisa eu aprendi nos tombos que levei na vida: homens só agem sob pressão. Quem sabe assim o Pierre ia parar e repensar nosso relacionamento?

Ou, então, ia acordar e ver que a gente estava precisando de mais cor?

Duas semanas se passaram e Pierre tinha sumido do mapa. Nenhum telefonema, nenhum *e-mail*, nenhum *scrap* ou sinal de fumaça. Confesso que já estava achando tudo aquilo muito estranho. Será que ele tinha desistido de mim?

– Diana, pelo amor de Deus, para de comer chocolates! – brigava Betina, enquanto eu me empanturrava deitada no sofá.

– Os chocolates são a única coisa que curam minha carência.

– Carência? Me poupe, Diana... Foi você quem escorraçou o Pierre da sua vida!

– Eu não escorracei o Pierre! Eu apenas pedi um tempo... Só isso!

– E se você pediu o tempo, por que *tá* com essa cara de enterro?

– Porque eu tenho de confessar que ele está fazendo falta.

– Liga para ele.

– Mas eu não queria que fosse assim. Ele precisa se tocar de que estamos em crise e precisamos melhorar.

– Diana, você, depois de tantos relacionamentos, ainda não aprendeu que os homens não têm sexto sentido e, por isso, nunca enxergam que estão numa crise se a gente não disser?

A Betina estava certa, apesar de relutar por uma semana, tive de dar o primeiro passo e ligar para o Pierre. Combinamos de nos encontrar sexta à noite na minha casa. Ele chegou pontualmente e com uma cara não muito boa.

– Pode falar, Diana! – como eu odeio esse ar de superioridade que os homens têm o dom de assumir quando a gente vai ter uma D.R. (discussão de relacionamento).

– Acho que a gente precisa conversar, né? – eu disse, com voz meiga e doce, para amansar o clima.

– Por isso mesmo eu estou aqui... Pode falar... Sou todo ouvidos – respondeu Pierre com o seu pior grau de arrogância. Mas eu não podia cair no jogo dele.

– Acho que você não deve ter entendido nada do que eu fiz, mas era necessário. Eu gosto muito de você, mas a gente está passando por uma crise, e isso não dá para negar. Será que você não vê? Nós não somos mais aquele casal cheio de vida, de energia, de tesão... Lembra como a gente era? A gente se perdeu... Descumprimos a promessa de que não cairíamos na rotina, mas a gente caiu... Eu sei que a culpa não é só sua... É minha também... Mas me irritou muito o fato de você achar que estava tudo bem.

– Olha, Diana, eu ainda não sou adivinho. Esse dom, infelizmente, Deus não me deu.

Isso ele nem precisava falar. Eu já sabia.

– Tudo bem que você ache que a gente já não é o mesmo, achei que isso fosse normal. Acontece com todos os casais. E teria sido bem melhor se a gente tivesse conversado, em vez de você me expulsar da sua casa como uma blusa velha que não quer mais usar. Conversado como agora. Como dois adultos.

– Eu sei que posso até ter sido infantil, Pi... Mas eu não sei o que me deu... Na hora, subiu aquela raiva, aquele desespero de sair da mesmice, e aquela foi a primeira reação que eu tive... Mas essas três semanas longe de você me fizeram pensar, e eu descobri que viver na mesmice é ficar sem você.

– Eu também pensei muito nesses dias e cheguei à conclusão, Diana, de que preciso de um tempo.

Como assim ele precisava de um tempo?! Ele tinha que me lascar um beijo, dizer que me amava, pegar as flores no carro e fazer amor desesperadamente no chão da minha sala. Dizer que queria um tempo não fazia parte do *script*. Mas infelizmente a vida não é um filme.

– Tudo bem, eu entendo. Vou respeitar seu tempo. E, quando você chegar a uma conclusão, espero que eu possa ser comunicada.

Nos abraçamos num tom de último abraço e ele saiu pela mesma porta que eu o expulsei. Riam. Podem rir... Eu sei que estava provando do meu próprio veneno. Mas, poxa, ele poderia ter facilitado, né?

– Facilitar, Diana?! Me poupe... Você cria uma crise entre vocês que nem existia... Ela realmente aparece, você enxota o cara da sua vida e espera que ele te receba jogando rosas de um helicóptero na varanda da sua casa?

– Você bem que poderia ser menos realista, né, Betina?

– Se eu fosse você, corria atrás dele... Esse negócio de tempo só vai fazer ele escapar e se afastar de você – aconselhava-me Lili.

– E onde fica o meu orgulho, Lili? Eu disse a ele que respeitaria o tempo e preciso cumprir a promessa por mais duro que seja.

E duro foi. O Pierre desapareceu da minha vida por um mês. Ficou incomunicável. Até a Dona Mary, minha sogra, ligou-me algumas vezes para entender o que estava acontecendo, mas se nem eu estava entendendo, como ia fazê-la entender, você me entende? Cheguei a pensar que meu namoro realmente tinha chegado ao fim, e por culpa minha. Não, não era culpa minha. Era culpa nossa.

Culpa do nosso orgulho, da rotina em que nos enfiamos, do nosso cotidiano que nos matou e da nossa falta de coragem de dar o braço a torcer.

Foi num desses dias desesperançados em que Pierre apareceu na minha casa.

Estava com um semblante enigmático. Desses que só os homens conseguem fazer. Tentei disfarçar, mas meu coração acelerou. Era a hora da decisão final...

– Posso entrar? – perguntava Pierre, num certo tom de formalidade.

– Claro... Fique à vontade... Você nem precisa pedir. Quer um café, uma água? – é incrível como a gente fica sem saber o que falar, perde o tom, fica parecendo barata tonta na frente de uma pessoa que até ontem era tão íntima.

– Não, não quero nada não.

– Então...

O silêncio prevaleceu. Pierre esfregou as mãos suadas de nervoso, e eu fiquei ali, esperando que ele dissesse algo.

– Olha, Diana, eu pensei muito na gente esses dias...

– Ah, que bom... E pensou o quê?

"Fala, fala logo!"

– Pensei e cheguei à conclusão de que você está certa.

"Eu certa? Certa do que meu Deus!"

– A gente realmente se perdeu e não percebeu. Eu não tinha reparado que tudo estava na mesmice, como você me falou. Agradeço por me fazer enxergar isso. A mesmice cansa mesmo, né?

– E como...

– Mas eu gosto dela.

"Já vi tudo."

– Eu gosto de acordar todos os dias depois de ter sonhado com a mesma mulher, de ligar pela manhã e dar bom-dia para a mesma mulher, de me acabar de prazer suado nos braços da mesma mulher, de beijar, abraçar e chorar nos braços da mesma mulher. Eu gosto da sua mesmice, Diana. Mas o que me preocupa é que eu acho que você não gosta mais da minha mesmice.

Naquele momento, um punhal cravou-se em meu peito e eu fiquei sem palavras, sem ar, sem saber o que dizer. O Pierre, com toda sua objetividade masculina, tinha chegado à melhor conclusão de toda a minha vida. Eu não tinha parado para pensar nisso.

– Não fale besteira, Pierre.

– Não é besteira, Diana. Seja sincera. O nosso problema é que somos os mesmos e talvez a mesmice que te incomoda seja a mesmice de ter o mesmo homem por tanto tempo. Será que você está preparada para isso? Um ano e meio com o mesmo homem não é fácil.

– Desse jeito você está me ofendendo, Pierre.

– Não é isso que eu quero... Só quero saber se você ainda gosta da minha mesmice... Porque eu posso até mudar, te encher de rosas, fazermos sexo em locais inusitados... Mas ainda serei o mesmo Pierre.

O Pierre conseguiu atingir meu ponto fraco. O problema de toda nossa relação estava no fato de eu estar tanto tempo com o mesmo cara. Eu – que era uma pessoa tão inconstante na busca incessante pelo príncipe – e agora, quando acho, quero pular do cavalo?!

– Olha, Pierre... Realmente, para mim, não é fácil ficar tanto tempo com uma única pessoa. Você sabe muito bem que por anos eu pulei de galho em galho... Mas se eu pulei não era porque gosto disso, ou por não gostar de mesmice... É porque simplesmente não tinha encontrado ninguém como você... E, em toda a minha loucura de mulher, acho que me assustei um pouco com o fato de que eu achei meu ponto de parada; isso me assustou um pouco e eu comecei a exigir a inconstância dos meus relacionamentos nada duradouros... Mas de que adianta viver de sonho, se ele é em vão, né?

Nós nos olhamos, nos aproximamos e nos beijamos com o mesmo ardor da primeira vez. Naquele beijo, que era tão o mesmo, mas ao mesmo tempo tão diferente, eu percebi que amo a mesmice do Pierre.

Confesso que aquela crise reacendeu o nosso amor. Nos acostumamos com as nossas mesmices e continuamos felizes para sempre. Ou será que apenas até a próxima crise nos pegar?

Ou f#de ou sai de cima

Uma das coisas que mais ODEIO no mundo é homem indeciso. Sabe aquele tipo que não f#de, mas também não sai de cima? Isso me dá gastura. Mas, como toda mulher, já fiquei com uns tipinhos desse e o pior é que eu demorei para largar o osso. Ledo engano meu pensar que eu tinha conseguido fugir da peça...

– E aí, amiga, que cara é essa? - perguntava Betina ao ver meus olhos vermelhos e inchados.

– Aposto que passou a noite toda chorando por causa do Pierre.

– Pois é, Lili, por mais que eu odeie admitir ter chorado por um homem, eu chorei...

– Sabe, eu não consigo entender... O Pierre parecia o homem perfeito... E do nada assim ficou confuso? – se indignava a princesa encantada chamada Lili.

– E desde quando existe homem perfeito, Liliana? – Betina respondia, com choque de realidade.

– Mas, afinal de contas, o que houve?

Vamos, então, rebobinar a história.

Tudo parecia ir muito bem entre eu e Pierre. Namoro numa boa, sexo umas três vezes por semana, éramos cúmplices, e eu já até começava a amadurecer a ideia de dividir para sempre o resto dos meus dias com ele. De uma hora para outra, porém, assim, como num passe de mágica, o Pierre perdeu a magia.

O gato começou a se calar, se ausentar e nossos encontros, que eram diários, passaram a quase quinzenais. Sexo, então?! O que era isso? Ele não me ligava mais todos os dias. Nosso namoro, de quente, foi ficando morno, frio, gelado e congelou. E o que eu, como boa mulher, fiz? Quando me dei conta de que eu estava quase perdendo o gato dos meus sonhos, comecei a pressioná-lo. Comecei a cobrá-lo por sua ausência e ele como bom homem... Entendeu tudo errado. Virei a chata da história.

– Alô? Pierre?

– Quem fala?

– Como assim quem *tá* falando? A distância é tanta que já nem lembra da minha voz, né? É a Diana. Sua namorada, se é que ainda posso me denominar assim.

– Oi, Diana. Desculpe, a ligação estava ruim.

– Foi a ligação ruim que também te fez esquecer meu endereço? O meu telefone? Faz mais de uma semana que você não dá um sinal de vida.

– Desculpe, é que eu ando com a cabeça cheia de problemas.

– E que tal se você os dividisse comigo? Sempre pensei que seríamos parceiros na alegria e na dor. Sumir não vai resolver os seus problemas.

– OK, OK. Mas para que esse desespero todo? Foi só uma semana.

– Saiba que uma semana para mim é muita coisa, mas acho que não tenho mais importância na sua vida

– Ai, Diana, para. Sem melodrama. Essa encheção de saco já *tá* ficando chata.

Pois é, amigas, era daí para pior. E foram duas semanas nessa onda de cobrança, e ele agindo como se eu fosse a parte errada da história. Os homens são mesmo engraçados. Virei a errada por cobrar a presença e a atenção do meu namorado.

Certo dia, Pierre me ligou e me convidou para sair. Queria conversar. Traduzindo: aí vinha bomba. Contudo, resolvi agir de maneira completamente diferente do que eu vinha fazendo. Até porque pensei muito antes naquela conversa e conclui que, se é para ficar nessa loucura insana de cobrar atenção, melhor seria ficar comigo mesma. Resolvi mais ouvir do que falar.

– Olha, Diana, não me leve a mal. Eu gosto muito de você. Você é a mulher com que eu sempre sonhei, mas não dá. Eu preciso de um tempo para mim. Não estou num bom momento. E eu não acho justo te fazer sofrer mais, empatar a sua vida só por minha causa. Talvez seja melhor a gente parar tudo por aqui. E se eu me acertar, um dia, e você ainda me quiser...

– Tudo bem, Pierre. Talvez seja melhor assim mesmo. Acho mesmo que mereço mais atenção e mendigá-la é tudo o que menos quero. Espero que você se encontre. Seja feliz.

Levantei, dei um beijo no rosto dele e saí sem me despedir. É claro que eu queria ter dito várias coisas para ele, mas do que adiantaria? Nada ia mudar. Um cara que quer terminar, mas diz que me ama é algo que eu não consigo entender. Preferi chorar calada por uma noite e seguir sorrindo o resto dos dias.

Voltando ao bar...

– Como assim ele *tá* confuso? Confuso com o quê, meu Deus! Essa eu fiquei sem entender...

– Não força o cérebro, Lili. Vai sair fumaça e você não vai chegar à conclusão nenhuma.

– Mas e você, como está? – perguntava Betina.

– Olha, gente, apesar de ter chorado, eu estou bem. Gosto muito do Pierre, eu achava que ele era um cara bacana, mas me decepcionei com sua indecisão e fragilidade. E de homens assim é o que eu não preciso. Já fiquei tanto tempo sozinha, o que custa mais um pouco?

Naquele momento, meu celular tocou. E eu atendi com cara de desentendida. Era o Pierre. Queria saber se eu estava bem e disse que tinha umas coisas para pegar na minha casa, perguntando se poderia passar lá no dia seguinte.

E, no dia seguinte, Pierre apareceu para pegar os resquícios do nosso relacionamento. Convidei-o para entrar e comer minha nova gororoba. Ficamos conversando e ele simplesmente passou o dia todo em casa. Algo me dizia que ele não queria sair do meu lado. Era preciso, mas não era o que ele queria. Com muito custo ele foi embora, mas me fazendo prometer que eu não iria sumir, que eu ligaria para ele e outras promessas mais. Prometi, mas obviamente não cumpriria. Pelo menos, por um tempo.

O problema é que o Pierre cumpriu o que havia dito ao pé da letra. Quase toda semana, ele me ligava para saber como eu estava, para me perguntar alguma coisa, para inventar conversa, para buscar mais alguma coisa esquecida no meu apartamento. Cada hora era uma desculpa para ouvir a minha voz. Parecia um garoto inseguro que não sabe o que fazer.

– Ai, gente, eu não aguento mais o Pierre!

– Como assim? Vocês voltaram? – perguntou Betina.

– Melhor seria viu? Nós não voltamos, Betina, mas ele simplesmente não me abandona. Não f#de, mais não sai de cima, sabe? Fica me ligando todo dia, toda hora com uma desculpa diferente.

– Típico de homem inseguro. Ele gosta de você, Di. Isso é fato.

– OK. Mas eu estava aí cheia de amor para dar. Levei um pé na bunda, e agora ele não quer desatolar? Assim não dá.

– Você vai ter que tomar uma atitude. Joga a real com ele, amiga. Não vai ter outra saída.

E foi o que eu fiz. Como já era previsto, Pierre inventou que tinha esquecido um par de meias verdes na minha casa e que ele iria precisar muito delas (como se não houvesse outros pares) e apareceu lá em casa. Era a minha deixa.

– E aí, Diana, como anda a vida?

– Então, como eu te disse na semana passada, está tudo bem. Sabe, eu preciso te dizer uma coisa... Mas não me leve a mal... Por favor, some da minha vida! Sem querer ser grossa, mas desde que a gente terminou você não me deixou respirar... Não que eu não queira manter uma amizade... Mas não há ser humano que consiga se desligar tão rápido assim... Eu preciso de um tempo para mim... E quando eu estiver preparada para assumir essa amizade... Eu te procuro com certeza...

– Poxa, Diana, eu nem tinha percebido que estava sendo tão pentelho assim... Mas, assim, tenho de confessar que eu não consigo ficar sem você... Tenho necessidade de te ver, ouvir sua voz... Mas prometo que vou desaparecer...

Ele me olhou, e os seus olhos brilharam com lágrimas a transbordar. Ele me deu um abraço apertado e saiu em silêncio.

Confesso que meu coração palpitou ao vê-lo partir, mas prefiro esperar, para ver se ele decide se f#de ou se sai de cima.

Homem sente cheiro de homem

– Vocês não vão acreditar... Sabem quem me ligou ontem?... Luis Otávio!

– E o que aquele canalha queria com você, Lili?

– Pois é... Justo agora que eu estou me entendendo com o Cristian... Ele reaparece na minha vida. Disse que queria saber como eu estava e que estava com saudades.

– E aposto que você marcou de encontrá-lo, né, Dona Liliana?

– Ah, gente, eu apenas disse que ele podia passar lá em casa quando quisesse. Mas não tem mais nada a ver entre nós.

– Sei, sei... É o que eu sempre digo. Homem sente cheiro de homem. É incrível!

E não é que a Betina estava certa? Homem realmente sente cheiro de homem. Eles nos dão um pé na bunda, a gente chora, engorda, gasta horrores na terapia, quando a gente começa a se recuperar, e encontra um cara legal, eles retornam, como se quisessem marcar território.

Como quem diz: "Olha, não esquece de mim não, hein? Eu ainda estou aqui".

Foi justamente isso que começou a acontecer comigo. Depois da separação entre mim e Pierre, demorei um tempinho para me recuperar. Afinal de contas não é todo dia que o príncipe encantado aparece e, depois, te dá um pé na bunda. Depois de uns quilinhos extras, porém, algumas sessões de terapia e algumas lágrimas derramadas, eu estava começando a esquecê-lo nos ombros do Diego, o meu mais novo *affaire*.

O Diego é o que minha terapeuta costuma chamar de "Síndrome de Herói"; aquele cara que surge na sua vida quando você está na rua da amargura por conta do ex, que te consola, e pelo qual você se apaixona. Nosso lance estava super legal e ia muito bem. Eu já nem pensava mais no Pierre com a mesma intensidade. Até que, um dia... Estávamos o Diego e eu saindo de uma sessão do cinema, quando topamos de frente com o Pierre.

– Diana? Quanto tempo! Tudo bem? Você sumiu!

É incrível como todo ex faz essa pergunta clássica. Não sabia que depois da separação, a gente tinha que continuar se falando.

– Ah é, pois é... Eu ando com a vida meio corrida, meio ocupada... – disse, querendo desbaratinar o assunto.

– Ah, eu imagino – disse Pierre, em tom irônico, medindo Diego dos pés à cabeça.

– Ops, me desculpe, Pierre, esse é meu... Meu amigo Diego.

Os dois se cumprimentaram com olhares cheios de faíscas. E antes que o fogo pegasse, emendei:

– Vamos indo? A gente ainda tem compromisso hoje. A gente se vê, Pierre. Até mais.

Aquele encontro tinha sido um pouco estranho. Apesar de eu estar feliz e envolvida com o Diego, a gente sempre fica estranha quando reencontra o ex. Contudo, eu achei que aquele *remember* tinha parado ali. Engano meu:

Trimmmm, Trimmmm...

– Alô? Diana?

– Quem fala?

– Nossa, nem se lembra mais da minha voz.

– Oi, Pierre, tudo bem?

– Te atrapalhei?

– Que isso... Eu estava de bobeira... Como você está?

– Eu estou ótimo... É que eu estava aqui, e me deu vontade de ouvir sua voz.

Silêncio total.

– Adorei te ver aquele dia no cinema. Você me pareceu ótima.

– Ah, que bom. – respondi sem graça.

– Aquele cara é seu novo namorado?

– O Diego?! É um amigo.

– Amigo colorido, talvez?

– Pierre, me desculpe, mas eu não gostaria de ficar falando da minha vida pessoal para você, OK?

– Claro, claro... Você tem toda razão... Afinal de contas, nós não temos mais nada, não é mesmo?

Aquela pergunta soou como quem diz: "Temos algo ainda, sim, e você me deve satisfação!". Desviei do assunto. Ficamos jogando conversa fora, por mais alguns minutos, e desligamos. Apesar de eu ter me desviado do assunto, aquela ligação não se desviava do meu pensamento.

– Vocês não vão acreditar. O Pierre ressurgiu das cinzas.

– Eu não falo? Homem sente cheiro de homem. Só porque você está bem com o Diego, ele resolveu marcar território. – dizia Betina.

– Nós nos encontramos na saída do cinema. E o pior é que eu estava com o Diego... Que situação chata...

– Chata por quê? Eu acho ótimo que ele veja você bem, e saindo com outra pessoa.

– Se isso adiantasse, Betina... Ontem ele ligou lá em casa, com um papo de que estava com saudades, querendo saber quem era o Diego... Uma conversinha furada, sabe.

– Dá um chega para lá, amiga! Que isso, agora? Bobeou, dançou... Ele teve a chance dele, não teve?

A Betina estava certa. Eu não podia me abater com o retorno do Pierre. Eu tinha de seguir a minha vida e, agora, o que me interessava era o Diego. E foi o que eu fiz, por algumas semanas, até o Pierre resolver aparecer lá em casa.

Ding, dong...

Onze e meia da noite, em plena terça-feira. Quem poderia ser? E o porteiro nem avisou? Será que era algum ladrão? A resposta foi não, assim que eu olhei pelo olho mágico, e vi o Pierre.

– Pierre?! Aconteceu alguma coisa? – perguntei assustada, porque, para ir à casa de alguém naquele horário, só podia ser algo grave, ou importante.

– Calma, Di... Não é nada demais não... É que eu estava na casa do Pablo, aquele meu amigo, lembra dele? Ele mora há duas quadras daqui, e resolvi passar, para te dar um "Oi".

– Ufa! Não se esqueça que eu sou cardíaca... Entre! Aceita um café, um chá?

– O que te traz aqui, então?

– Saudades.

Fiquei muda e inconformada com aquela cena. Eu não acreditava no que estava ouvindo. E, antes que eu pudesse responder, a minha campainha tocou novamente. Quem seria? Agora só podia ser um assalto de verdade, mas, ao olhar pelo olho mágico, levei um baita susto. Era o Diego. Meu Deus, o que eu ia fazer?

– Diego?! Que surpresa.

– Acho que atrapalhei. Vejo que você tem visitas – dizia ele, ao ver o Pierre sentado no sofá do meu apartamento.

– Não que isso... O Pierre já estava de saída, não é? – eu disse, olhando para o Pierre, e implorando para que ele fosse embora.

– Eu? Mas mal acabei de chegar... Que isso, senta aí, amigão... Vamos conversar... – dizia Pierre, em tom irônico.

– Eu volto amanhã, Diana. Boa-noite!

Eu nem tive tempo de pedir para que ele ficasse. Diego virou as costas, e desceu as escadas. Naquele instante, um ódio mortal do Pierre esquentou minhas veias.

– Por favor, Pierre, vai embora!

– Mas por quê? Só porque seu amiguinho não quis ficar?

– Não seja irônico, pelo amor de Deus. Já é tarde, eu acordo cedo amanhã... Chega de confusões por hoje.

– Tudo bem, gata. Te ligo depois.

– Eu não acredito que o Pierre fez isso?

– Pode acreditar, Betina. Ele me queimou geral. Eu não entendo o que ele quer, sabe? Já não basta ter me dado um fora?

– Ah, mas isso não pode ficar assim não, Diana!

– E o Diego?

– Sumiu, Lili... Não me ligou mais desde aquele dia.

– E você não ligou para ele? *Tá* ficando louca? Assim você está dando motivos para ele pensar que você e o Pierre ainda têm algo.

Minhas amigas estavam certas. Fui correndo para a casa do Diego, e dei com a cara na porta. Mas eu não podia desistir. Esperei duas horas, sentada na porta, até ele chegar.

– Diana? O que faz aqui?

– Eu preciso muito falar com você. Queria me desculpar por aquele dia lá em casa. Eu e o Pierre não temos mais nada... Eu fiquei com medo de que você pensasse algo errado sobre nós.

– Tudo bem, Diana. Eu só fui embora porque, afinal de contas, eu não sou o seu namorado, e não posso cobrar nada de você. Você recebe quem quiser na sua casa. Eu só não queria ter sido um incômodo.

– Incômodo? Jamais!

– Se é assim então... Que tal entrar e tomarmos um chocolate quente, para aquecê-la do frio que eu te fiz passar me esperando?

O meu problema com o Diego parecia estar resolvido. Ainda, porém, faltava colocar o ponto final na questão com o Pierre e eu sabia que ele reapareceria. Dito e feito. Certo dia, ele apareceu novamente lá em casa.

– Pierre, que surpresa!

– Oi, Diana, tudo bem? Desculpe aparecer de novo... É que eu me lembrei de que esqueci um livro com você.

– Livro? Eu não me recordo de estar com nenhum livro seu. Mas entre.

– Ah, espero que eu não tenha causado nenhum problema aquele dia com o seu amigo... Nervoso o rapaz, não?

– Ah, o Di! Que isso... Ele nem ligou... Desencana... Ele sabe que entre eu e você não rola mais nada.

– É, pois é... Não rola mais nada mesmo. – respondeu Pierre, como quem engolia a seco. – Vocês parecem se dar bem, sabia?

– A gente? Nossa, nos damos muito bem. Ele é um baita cara, gente boa.

– Desejo que ele possa te fazer feliz, como eu não te fiz. Bem... Acho que eu já vou... Se encontrar o livro, me dá um toque.

– Tudo bem.

O Pierre foi, e nunca mais voltou. Pelo menos, até o momento. Eu continuei bem com o Diego, e não fiz a mínima questão de procurar o livro.

Dou, ou não dou

Por mais modernas que nós, mulheres, tenhamos nos tornado, e por mais sutiãs que nós queimamos, há uma dúvida a nos rondar, desde os tempos das cavernas até os dias de hoje: dar ou não no primeiro encontro?

Nunca ouvi dizer que há uma regra, segundo a qual não se deve dar para o cara na primeira vez em que vocês saem juntos, mas eu também nunca ouvi regra dizendo que você tem de dar. Isso é muito subjetivo, vai da cabeça de cada mulher.

– E aí, Lili, como foi o encontro, ontem?

– Ai, o Cristian é um fofo. Acho que, finalmente, eu esqueci o Otávio... E, gente, o apartamento dele é o máximo.

– Eu sabia! Você já foi pro apartamento do cara? Aposto que já deu para ele também.

– Ih, Betina. E o que é que tem? – questionava Lili. – Lá vem você com esse seu falso moralismo, de que eu não devo dar pros caras na primeira vez. Isso não tem nada a ver.

– Ah, Bê... Eu também acho... O que tem? Se os dois estiverem a fim – eu dizia.

– Por isso vocês vivem se lamentando depois... Dizendo que o fulano não ligou mais, fugiu e ficam aí, desesperadas. Claro! Vocês vão logo dando o doce na primeira. O que os coitados vão querer depois?

Para variar, a Betina nos jogava um balde de água fria, com suas duras declarações realistas. De certa forma, até que fazia sentido... Ou não?

A Lili sempre foi romântica ao extremo. Cai em qualquer tipo de lábia, e faz tudo por amor. Até amor. Não faz jogo duro mesmo. Dá logo na primeira. Ela acha que é uma tática para segurar o príncipe encantado. Mas, como ela sempre arruma sapo, ele come a perereca, e zarpa no dia seguinte.

Eu ainda estou em cima do muro. Nunca sei se dou ou não, na primeira. Depende muito do pretendente. Prefiro analisar o cara, sentir o terreno e, acima de tudo, analisar minhas pretensões com o tal homem. Daí, então, eu decido se vou pro abate.

Se estou há muito tempo na seca, e pinta um peixão, na minha rede, que vá satisfazer meus desejos, não faço doce, não. É transar logo de primeira. Produção fatal e amor voraz. Também costumo usar essa tática com os carinhas que conheço na balada.

De vez em quando, porém, pinta na minha rede o príncipe que eu tanto esperei, e com esse, é claro, eu faço doce.

O Pedro foi um desses caras. Com ele, fiz questão de fazer um docinho. Nós nos conhecemos em um bar; naqueles típicos dias de depressão feminina, quando achamos que o mundo está contra nós. Porém, aparece um cara legal, te enchendo de elogios, e você até acredita que o cupido existe.

Começamos a sair. Primeiro, uma vez por semana; encontros casuais, cineminha, restaurante. Tudo na maior inocência. Mãos dadas e beijinhos, apenas. Contudo, como todo relacionamento, as coisas começaram a esquentar. Passei a frequentar o apartamento dele para assistir a alguns DVD's, com a desculpa de que ele queria fazer algo mais reservado só para nós. E daí começaram os amassos no sofá, no meio do filme, os beijos mais acalorados, até que chegou o o dia do momento fatal...

– Calma, Pedro. Vai com calma! – eu dizia, esbaforida e seminua, no chão da sala da casa dele.

– O que foi? – perguntava o coitado, com cara de assustado.

– Olha – eu dizia, tentando me desvencilhar dos braços dele – Nosso lance *tá* muito legal, você é uma gracinha, mas acho melhor irmos com calma.

– Você não *tá* a fim?

– Eu estou muito a fim, mas acho que não é a hora. Me desculpe, espero que você me entenda...

– Como assim, Diana? Você deixou o cara de braguilha, literalmente, aberta, e se mandou? – questionava Lili.

– Certíssima. Finalmente, você fez a coisa certa. – aplaudia Betina.

– Ai, gente, eu não quero que o nosso lance acabe de repente... *Tá* tudo tão legal que eu acho que o sexo agora ia acabar com a magia.

– Para de besteira, Diana. Isso não tem nada a ver. Aposto que o cara nem vai mais te procurar.

– Nem todos os caras são os sapos que você arruma, Lili. Só porque você dá para todo mundo, não quer dizer que a Diana tenha de fazer o mesmo – esbravejava Betina com seu feminismo.

– Calma, meninas. Não briguem por causa disso. O que importa é que eu acho que fiz a coisa certa e, se ele não me procurar, é porque não me merecia. Prefiro pensar assim.

– Viu, Lili? Tem hora em que a gente tem que valorizar o produto – instigava Betina.

Confesso que, na primeira semana em que Pedro esteve ausente, minha autoconfiança caiu geral. Já estava assumindo o fora que eu tinha levado só porque não dei a periquita. Mas, milagres acontecem...

Trimmm...

– Alô? Pedro?

– Oi, Diana, tudo bem? Desculpe-me te ligar só agora... É que eu fiquei uma semana fora, a trabalho, e estava incomunicável.

– Não, tudo bem – mal ele sabia que eu estava feliz apenas com sua ligação.

– Queria saber se você não está a fim de uma pizza lá em casa... O que acha?

Em menos de uma hora, eu estava na casa dele. O Pedro era um cara bem romântico, e tudo já estava preparado. Velas na mesa, um bom vinho, e ele de pizzaiolo. Enquanto ele preparava as pizzas, ficamos conversando.

– Di, eu queria te pedir desculpas.

– Desculpas? Pelo quê? O que você me fez, Pedro?

– Eu fiquei pensando e acho que fui realmente muito afoito. Espero que você não tenha ficado brava comigo.

– Que isso! De jeito nenhum... Espero que você tenha me entendido.

– Claro. Acho que é melhor esperarmos o momento certo, quando você se sentir preparada.

Apesar de ter me sentido uma adolescente virgem e boba, com medo da primeira vez, fiquei mais e mais admirada por aquele homem. Passamos a noite toda comendo pizza, guloseimas e nos esbaldando em vinho. Como ficou tarde, acabei dormindo na casa dele, mas nada, nadica de nada rolou.

– Como assim! O cara se desculpou por querer te comer? Ele não existe! – espantava-se Lili.

– Não é lindo, Betina? – eu dizia.

– É inacreditável, isso sim. Até eu, que não acredito na integridade dos homens, confesso que tenho de me curvar para esse ser.

– Ai, como você exagera. Não vou conseguir ficar segurando por muito tempo, e nem sei se quero.

– Tava bom demais para ser verdade.

– Betina! Faz três meses que a gente *tá* junto... Está mais do que na hora de ver se vale a pena... E se não for tudo isso? Caio fora logo.

– Você é quem sabe amiga... Usando camisinha, você pode tudo, e, claro, me liga no dia seguinte.

Mais alguns encontros, amassos, vinhos, jantares, o clima esquentando... Como não podia deixar de ser, tudo rolou bem natural.

Numa noite, o Pedro resolveu reunir alguns amigos na casa dele, para comer uma pizza e conversar, e, sem dizer oficialmente, fazer que seus amigos conhecessem a garota com quem ele estava saindo.

Quando todo mundo já tinha ido embora, resolvi ficar para ajudá-lo a limpar a casa. Depois da faxina, suados, caímos no sofá, e foi incrível. Apenas nos olhamos, e o fogo surgiu. Beijos, amassos, roupa pra cá, roupa pra lá; tudo rolou. Ali mesmo, no meio da sala. Foi incrível, e no momento certo.

– Gente... Rolou!

– Até que enfim... E aí, como foi? – perguntava Lili, afoita.

– Usou camisinha?

– Usei, Dona Betina. Foi maravilhoso, intenso, incrível... Não sei descrever... Só sei que quero mais... Duas semanas e meia de amor sem parar!

– Ih... Já vi que ficou apaixonada.

– Sabe como é, Betina, tem amor que quando bate, fica... E acho que ficou.

– E o Cristian, Lili? – eu perguntava.

– Sumiu!

– *Num* falei? Já comeu o doce; para que repetir? – alfinetava Betina.

Nem vou terminar esse diálogo, porque essa discussão não tem fim. O que importa é que, com o Pedro, fazer um doce foi a melhor saída, mas não sei se farei isso com todos... A não ser que muitos Pedros surjam na minha vida.

Recaída

Ding-dong

Quem poderia ser àquela hora em plena quinta-feira?

– Pierre! – eu disse assustada, ao vê-lo parado na minha porta e por estar vestida com pijama de bolinhas e pantufas.

– Estava dormindo? Se quiser, volto outra hora – ele dizia, praticamente dentro do meu apartamento e ao me observar de pijama.

– Não, que isso. Entre.

Confesso que fiquei um pouco sem jeito de recebê-lo. Parecíamos dois estranhos no ninho. É muito engraçado quando a gente reencontra o ex assim de repente. Ainda mais se o ex é quem resolve te encontrar. Nós não sabíamos se nos beijávamos na boca ou na bochecha. Então, resolvemos nos dar um singelo abraço.

– Nossa, quanto tempo!

Eu disse, na expectativa de quebrar o gelo. Afinal, o que eu diria a ele depois de tanto tempo? Fazia quase um ano que a gente tinha terminado o namoro e, desde então, eu não havia tido mais notícias dele.

– Pois é... Até desculpa vir assim... É que eu estava passando aqui perto e resolvi vir te ver. Saber como você está... Você *tá* bem? – ele perguntava, esfregando as mãos e com cara de quem estava suando frio porque queria me dizer algo mais.

– Fico feliz de te ver também. Eu estou bem. Na mesma... Trabalhando feito uma louca lá na agência. Mas e você, o que está fazendo de bom?

É engraçado como duas pessoas que até tão pouco tempo tinham tanta intimidade se tornam completos estranhos num toque de mágica. Naquele momento, as palavras me faltavam e eu também não me sentia nada à vontade de pijama na frente dele. Uma completa besteira para quem me conhece dos pés à cabeça. Percebi que o Pierre também estava um pouco nervoso e eu ainda não tinha entendido ao certo o motivo da visita dele.

Ficamos conversando por umas duas horas sobre o novo negócio que ele estava abrindo com um amigo, sobre suas expectativas, sua família... Assuntos superficiais e banais. Até então não tínhamos falado nada sobre a nossa intimidade.

De repente, enquanto Pierre dava um gole na cerveja que estávamos bebendo, ele ficou mudo e me olhando. Confesso que fiquei sem graça com aquele olhar e resolvi perguntar se tinha algo errado, o porquê de ele me olhar daquela maneira.

– Estava olhando você com esse pijama e senti saudades.

– Do quê? Do pijama?

– De você.

O que eu iria dizer depois daquela declaração? Resolvi apenas escutá-lo.

– Saudades. Foi por esse motivo que estou aqui. Me bateu saudade e resolvi te procurar. E te olhando assim de pijama, me senti como nos velhos tempos, quando a gente conversava até altas horas da noite e depois íamos dormir abraçadinhos.

– Pierre...

Antes que eu concluísse a minha frase, ele se levantou e literalmente me agarrou, roubando um beijo. E eu? Não fiz o menor esforço para resistir. Naquele momento, esqueci de tudo e caí nos braços dele. Confesso que eu também estava com saudades. Resumo da ópera: passamos a noite juntos. Foi maravilhoso e só acordei com o toque da campainha.

– Diana?! Acho que atrapalhei algo. – dizia Betina com cara de assustada, ao me ver nua enrolada num lençol.

Nem pude explicar, porque logo atrás o Pierre apareceu de cueca na sala.

– Ops, Betina. Desculpe.

– Que isso, gente. Eu volto outra hora.

– Não entra. Eu já vou embora – disse Pierre.

Ele se trocou, me beijou e prometeu me ligar depois. Enquanto isso, Betina permaneceu muda à espera de uma brecha para me crucificar.

– Pode ir me explicando tudinho, mocinha – dizia minha curiosa amiga depois daquele flagra.

– Não é nada do que você está pensando, Bê – eu falei, tentando convencer a mente criativa dela que, àquela altura do campeonato, já tinha montado toda a história e tirado suas próprias conclusões.

– Ah, não? Eu flagro os dois peladões e você me diz que não é nada?

– O Pierre veio me ver ontem à noite com um papinho de que queria saber como eu estava, depois acabou confessando que estava com saudades e acabamos transando. Mas foi só isso.

– Sei, sei, dona Diana. Eu te conheço muito bem. Não aguentou e teve uma recaída?

– Para de besteira, Betina. Foi uma bobagem e já passou.

Teria sido apenas uma bobagem mesmo? Se fosse bobagem, aquela noite teria saído da minha cabeça rapidamente, mas passei o resto do dia pensando naqueles momentos. Aquele reaparecimento do Pierre parecia ter despertado algo que para mim já não existia. Até então, eu conseguia odiá-lo por ter me dado um pé na bunda e por ter sumido.

Achei que depois daquela noite o Pierre já tinha saciado seu desejo e não me procuraria. Engano meu. Na noite seguinte, ele me convidou para jantar e eu aceitei. Parecia que era de propósito. Ele me levou ao mesmo restaurante em que tivemos nosso primeiro encontro.

– Espero que goste do lugar – ele disse em tom de ironia, sabendo o quão marcante e fundamental tinha sido aquele restaurante.

– Acho que você poderia ter me surpreendido mais. Não esqueça que continuo exigente, hein?

– E linda... E quente. Amei a nossa noite. Você não mudou em nada.

Não sabia se considerava aquilo um elogio, como quem diz "Você é muito boa e não existe ninguém melhor do que você", ou "Nossa, pensei que você tivesse evoluído".

Preferi acreditar na primeira opção e curtir o momento. Foi um jantar maravilhoso, com direito a vinho, *fondue* e outra noite longa e maravilhosa de amor.

E foi assim por nove semanas e meia, nossas nove semanas e meia de amor. O Pierre começou a me ligar quase todos os dias, saíamos aos finais de semana, ele voltou a dormir em casa... Engatávamos um relacionamento que eu não sabia como classificar. Rolo? Namoro? Amizade? Ou apenas uma recaída?

– E aí, amiga, vai sair? – perguntava Betina, ao chegar na minha casa e me ver terminando de fazer uma escova.

– Vou almoçar na casa do Pierre.

– *Tá* assim já? Vocês voltaram?

– Ah, eu não sei, Betina. Faz três meses que estamos saindo de novo, mas até agora ninguém falou em namoro.

– Vai com calma, Diana. Não se envolva. Isso pode ser apenas uma recaída. Algo que pode acontecer com qualquer casal que se reencontra depois de muito tempo juntos.

– Será? O pior é que eu acho que já estou envolvida.

E eu realmente estava. Em meu íntimo, alimentava a esperança de que a gente fosse voltar. E, naquele domingo, resolvi voltar a me envolver com a família dele também. Encarei o almoço de domingo com a sogrinha. Ou melhor, ex. Ah, sei lá, com a mãe do Pierre.

– Diana! Que bom te ver por aqui. Vocês voltaram? Finalmente – perguntava a mãe dele, com a excentricidade de sempre.

Eu não sabia o que dizer daquela declaração. O Pierre ficou calado, e eu permaneci muda. Para mim, quem cala consente. Passamos uma tarde maravilhosa em família. Por um instante, senti-me novamente um membro dela.

Quando estávamos voltando para casa, resolvi perguntar ao Pierre o que tanto me amedrontava.

– Pi, sem querer te cobrar, mas... Hoje sua mãe, ao me perguntar se estávamos juntos, me fez pensar... O que a gente tem, afinal?

– Um lance – dizia Pierre, enquanto dirigia e sem olhar em meus olhos.

– Um lance? E o que isso significa?

– Que temos um lance – dizia ele, acariciando minhas mãos.

Essa definição foi o bastante para que eu começasse a entender que a relação não teria futuro. E tudo o que eu menos queria, naquele momento, era ter um lance com o meu ex-namorado. Acho até que o meu questionamento o assustou, pois Pierre ficou sem me procurar por quase uma semana. Mesmo sofrendo, resolvi respeitar a sua ausência e tocar a minha vida de novo sem ele.

– Posso entrar? – era ele, altas horas da noite no meu apartamento. Confesso que meu coração disparou e impulsivamente fui logo dando um beijo nele, que retribuiu friamente. Algo estava errado.

– Aconteceu alguma coisa?

– Aconteceu – ele dizia com cara de assustado – Diana, a gente tem que parar com isso.

– Com isso o quê?

– Com o nosso lance. Está tudo muito bom, mas não estou preparado para encarar um relacionamento novamente e não acho justo te enganar.

– Eu já desconfiava – disse, com lágrimas nos olhos – mas tenho de confessar que por um momento tive a esperança de que você voltaria para mim.

– Eu adoraria voltar, mas não estou preparado.

– Talvez você nunca esteja. Boba eu achar que você mudaria um dia.

– Me desculpe, Diana.

Ele me beijou, deu-me o último abraço e saiu pela mesma porta por meio da qual entrou me dizendo que estava com saudades. Não consegui segurar, caí em prantos. Chorei feito criança por duas horas sem parar. Quando consegui recuperar o fôlego, liguei para Betina.

– Ele se foi, Bê. O Pierre me deixou – eu dizia com a voz ainda embargada.

– Calma, Diana. Não é surpresa para ninguém que isso aconteceria, né?

– Mas eu pensei que ele poderia mudar. Que a gente ficaria junto de novo.

– Aprende uma coisa, Diana. Ninguém muda ninguém. As pessoas só mudam se elas quiserem. E talvez o Pierre nunca mude. Se você se envolveu com ele, deveria saber isso. O que vocês tiveram foi apenas uma recaída. Normal.

– Mas e agora, o que eu faço? Eu estava quieta no meu canto, aprendendo a viver sem ele. Daí ele reaparece do nada, embaralha a minha vida e agora vem com esse papo de insegurança?!

– Você vai seguir em frente, amiga. A vida continua. Você não merece um cara inseguro. Mas me promete uma coisa. Se ele aparecer aí de novo, bata a porta na cara dele. E se você não tiver coragem, me chama que eu bato.

Só a Betina para me fazer rir num momento como aquele. E bater com a porta na cara dele não foi preciso. Até porque, até o momento, ele não mais me procurou.

Hora de recomeçar

Pior do que terminar um namoro é ter de encarar o dia seguinte. E todos os outros que se seguem, se você estiver na solidão. Acordar e perceber que aquela barba que te roçava o rosto e aquele corpo que te abraçava já não estão lá. Que agora te restou apenas o travesseiro para apalpar. Olhar o visor do celular e não ter nenhum torpedo ou ligação perdida de quem te desejava o sagrado "bom-dia". Acho que até os peixes fora d'água se sentem melhor.

"E agora?" Foi essa a pergunta que me fiz durante muito tempo depois que terminei com o Pierre. "E agora, José? O que vai ser de mim? Será que tenho forças para recomeçar?". Incrível como a gente passa tanto tempo solteira, depois arruma um namorado, e, quando se separa, parece até que nunca viveu sozinha. É como se você tivesse desaprendido a andar e, de um dia para o outro, precisasse competir na São Silvestre.

Amigas. Ainda bem que não me desfiz das minhas enquanto namorei. Pior seria viver sem elas, que me ajudam a recomeçar.

– Gente, acho que vou enlouquecer. Eu não consigo parar de pensar no Pierre! Eu não sei viver sem ele – dizia, choramingando no colo da Betina e da Lili.

– Muita calma nessa hora! O Pierre não nasceu grudado em você! – recriminava Betina.

– Força na peruca, Di. Dá um trato no *visu*, sei lá, cuida mais de você... Vai te fazer bem – dizia Lili.

Incrível como os meses tinham passado e eu tinha deixado a minha vaidade totalmente de lado. Realmente, de nada adiantaria virar um bicho das cavernas. O Pierre não ia me querer daquele jeito.

Primeiro passo

Resolvi mudar o visual. Olhei-me no espelho e vi que não queria mais a imagem daquela Diana, a ex-namorada do Pierre. Então, marquei um dia no salão.

– Corta, repica, faça o que quiser, mas me deixe sair daqui outra pessoa, pelo amor de Deus – supliquei ao cabeleireiro.

– Ih, terminou com o bofe?

– Como você sabe?

– Ah, minha filha, mulher quando chega desesperada desse jeito para cortar, repicar, mudar... Das duas uma... Ou arrumou um amante, ou levou um pé na bunda – disse Beto, o meu cabeleireiro.

– Ai, Beto, o Pierre não me ama mais... – disse com a voz marejada.

– Ih, mona, pode fechar o berreiro. Azar do bofe. Vou te deixar poderosa... Aposto que você arruma outro em dois tempos.

Passei a tarde toda no cabeleireiro. Fiz barba, cabelo e bigode. Tudo como manda o figurino. Quando Beto me mostrou frente ao espelho, mal me reconheci. Eu realmente tinha mudado... Externamente... Porque a dor e a saudade continuavam as mesmas.

– E agora? Vai para onde? – perguntou o Beto.

– Ah, vou para casa – respondi desanimada.

– Nuncaaaaaa... Eu não desperdicei todo meu talento em você para você ir para casa, chorar, assistindo à novela das oito. *Bora* para balada.

– Balada, Beto? Acho que nem sei mais dançar.

– Isso a gente nunca esquece. Olha, tenho alguns ingressos para uma baladinha nova no centro. Liga para suas amigas, daqui uma hora estou liberado e faço um esforço para ir com vocês... O DJ é meu amigo.

Apesar de não estar muito animada para ir a uma balada, resolvi aceitar. Quem sabe me ajudaria?

Segundo passo

Lá estava eu na balada. Enquanto Lili, Betina e Beto se acabavam na pista, eu me sentia um ET. Meus braços e pernas não conseguiam acompanhar o ritmo da música. E falando em música, percebi que não conhecia nenhuma. Para evitar o mico total, preferi ir ao bar pedir uma bebida.

– Ih, desistiu, fofa? – perguntou o Beto, que correu atrás de mim ao perceber a minha fuga.

– Ah, *tô* com sede.

– Me engana, nega... Desembucha...

- Ai, Beto, estou me sentindo uma velha nesse lugar. Não sei mais dançar. Não conheço música nenhuma...

– Di, recomeçar não é fácil, gata. Mas a gente precisa dar o primeiro passo. E se você não colaborar, vai ser pior. Toma esse *drink* aqui, relaxa, solte-se e divirta-se. Hoje a noite é sua.

Enquanto eu bebia o tal *drink*, percebi que um homem me olhava. Tentei disfarçar, mas os olhos do Beto foram mais rápidos.

– Diana do céu, que bofe lindoooo... E tá dando mole para você, viu?

– Impressão sua, Beto. E eu nem quero ficar com ninguém.

– E por que não? Não esqueça que você é solteira agora, viu? – disse Beto, se empirulitando no meio da pista.

Realmente, eu era solteira. Tantas vezes desejei ser livre para me acabar de dançar a noite toda, beber com as amigas e beijar novas bocas. Agora que tinha meu desejo concedido, achava tudo aquilo tão sem graça. Dava tudo para estar em casa embaixo do edredom, comendo pipoca e assistindo a um filme velho na TV, ao lado do Pierre. Mas tive de acordar do sonho, quando aquele homem se aproximou.

– *Tá* a fim de dançar?

– Obrigada, mas não vou fazer você pagar um mico. Eu não danço muito bem.

– Não tem problema. Você me acompanha num chope, então? Qual o seu nome?

Começamos a jogar conversa fora. Ele era até que bonito, solteiro, educado... Mas não era o que eu queria. Ele deu algumas investidas, eu desbaratinei, disse que ia ao banheiro e resolvi esperar as meninas do lado de fora da balada.

– O que houve, Diana? Por que você sumiu? – perguntou Betina.

– Eu não estava me sentindo bem.

– Achei que tinha se perdido com o bonitão – disse Lili.

– Nada a ver, Lili.

– *Num* creio que você desperdiçou aquele Deus... Ai se ele fosse *gay*! – lamentava Beto.

– Amiga, vi que você não curtiu a noite. Mas não desiste, OK? – consolava Betina, me abraçando.

– Acho que só tem uma solução para você esquecer o Pierre! Arrumando um novo amor – sugeriu Lili.

Será que um outro amor seria capaz de me fazer esquecer do Pierre? Curaria toda essa mágoa e angústia que eu trazia no peito?

Terceiro passo

Comecei a me empenhar na batalha pela procura do meu novo príncipe encantado. Estava disposta a arrumar um novo namorado ou, pelo menos, um novo caso.

Foi quando eu conheci o Rodolfo. Ele era amigo de uma prima minha. Trocamos telefones, começamos a sair e a nos envolver. Ele parecia estar completamente caído por mim, e eu? Eu me esforçava para gostar dele.

– E o Rodolfo, Di? Como vocês estão? – perguntava Lili.

– Ah, *tá* bem.

– Nossa, que empolgação! – dizia Betina.

– Ah, ele é educado, romântico, carinhoso, inteligente, beija bem, mas...

– Mas não é o Pierre. Diana, pare de procurar o Pierre em todos os caras que você conhecer. Ninguém é igual. Não vai adiantar mudar o visual, ir para balada, arrumar um novo namorado se você não está disposta a esquecê-lo e a tocar sua vida.

Mais uma vez, Betina me fez enxergar a realidade. Eu não gostava do Rodolfo. Eu estava usando-o. Não era justo fazer dele uma muleta para esquecer o Pierre. Eu tinha de encarar aquela parada sozinha.

Foi o que fiz. Terminei o "lance" com o Rodolfo. Disse que não estava num bom momento e que não era justo magoá-lo. Ele ficou um pouco inconformado, mas acho que percebeu a desculpa e sumiu.

Quarto e último passo

Parti para a fase mais difícil do processo. Encarar que estava solteira, livre, leve e solta. Aos poucos, fui me acostumando com a ideia e aprendendo a me valorizar. Aprendendo a conviver comigo mesma. Fui aos poucos me redescobrindo.

Redescobrindo meus gostos, preferências, desejos, metas... Realizando sonhos... Fazendo tudo e nada comigo mesma.

Ao final da (re)descoberta, novamente me apaixonei por mim. E hoje sei que, independentemente do homem que aparecer, sou mais eu, e sou eu em primeiro lugar. SEMPRE!

Quem dá o primeiro passo?

– Ai, Lili, você já está me dando nos nervos. O que aconteceu? Ficou aí a noite toda olhando para esse celular – brigava Betina, já sem impaciência por conta do "siricutico" da Lili, olhando o visor do celular a noite toda, à espera de uma ligação.

– Ih, Betina, parece até que não conhece a dona Liliana – eu dizia, já adivinhando do que deveria se tratar. – Quem foi que não te ligou?

– Ai, gente, desculpa... É que eu estou com a cabeça na lua hoje. O Mateus... Sabe aquele carinha novo, que eu conheci na academia? Então, trocamos telefones há uma semana e, até agora, ele não me ligou... – explicava Lili, com cara de quem estava prestes a cair do cavalo.

– E você *tá* esperando o quê para ligar para ele? – Betina perguntou, num tom de desafio natural, ao terminar de dar um último gole no chope.

– Mas, Bê, foi ele quem pediu meu telefone... Ele é quem tem de me ligar... Pelo menos, ele me disse que ligaria... – respondia Lili, ainda um pouco surpresa com a naturalidade da pergunta de Betina.

– Depois vocês reclamam que não têm ninguém... Ficam aí sofrendo pelos cantos, tendo úlceras, só porque o telefone não toca. Parem de bobagem! Que coisa mais antiga! Qual é o problema de você ligar para um cara? Quem disse que isso é proibido?

Como já era de costume, a pergunta da Betina desenterrou várias minhocas na minha cabeça, e tenho certeza absoluta de que na da Lili também. Essa era mais uma daquelas questões feitas por algum guru dos relacionamentos, mas que até hoje ninguém sabia responder: quem dá o primeiro passo?

Nós, mulheres, fomos criadas e condicionadas a sermos passivas. A esperar por tudo. Esperar pela primeira boneca, esperar pela primeira menstruação, esperar pelo primeiro beijo, pelo primeiro namorado, pela primeira transa, pelo primeiro chifre, pelo primeiro fora, pelo príncipe encantado... Enfim, a gente passa a vida toda esperando. Que ódio tenho da Eva! Se o problema fosse só esperar, tudo bem. Mas a gente espera, e sofre também. Tudo ao mesmo tempo.

Criamos úlcera ao passar pela angústia de esperar o telefone tocar, mas... Por que apenas não discamos os oito números, e ouvimos a voz dele do outro lado da linha? Só para dizer: "Oi, eu senti saudades, quer sair comigo?". Não! Preferimos quase nos suicidar de tanta ansiedade, aguardando que o telefone toque; e ainda temos de fingir que nem estávamos enlouquecendo, ou que não ficamos de plantão por 365 dias ao lado do telefone.

Poxa, isso *tá* certo? Não seria mais simples agir por vontade própria. Pá e pum? É isso que eu me pergunto até hoje, mas ninguém conseguiu responder. Essas questões me fazem lembrar alguns impasses pelos quais já passei, por conta dessa dúvida.

Numa dessas sextas-feiras sagradas, num dos encontros casuais com as meninas no bar do Pedrão, estávamos jogando papo pro ar, falando mal dos homens, dos chefes, reclamando da vida, regadas a muita cerveja e aperitivos, quando percebi que alguém me notava.

No início, achei que não era comigo, porque há muito tempo eu não vinha sendo paquerada (estava naquela fase em que nem peão de obra assoviava) sem contar que eu não tinha feito a unha, nem o cabelo, estava me achando péssima.

– Ih, Di, acho que acaba de ganhar um fã, hein? – cutucava Betina.

– Pois é, aquele moreninho não para de olhar para cá.

– Ai, gente, larga de besteira. Pode ser para vocês também.

Naquela hora, o garçom se aproximou com mais cerveja e aperitivos. Detalhe: nenhuma de nós havia pedido nada a mais. Contudo, antes que eu perguntasse a respeito do engano, ele foi logo dizendo que o rapaz da mesa 302 tinha mandado para gente.

Quando olhei para o lado, o rapaz da mesa 302 era o cara que não parava de me olhar. Ele soltou um sorriso encantador e deu um tchauzinho. Na hora, fiquei vermelha como um pimentão. As meninas, é claro, começaram a rir e ficaram tirando sarro da minha cara; mas bem que encheram a pança. Agradeci com um sorriso, e continuei sentada, mas ele não parava de me olhar.

Quando estávamos saindo do bar, para ir embora, ele se aproximou de mim:

– Prazer, Murilo. Espero que tenham gostado do aperitivo – disse ele, com a bochecha já encostada na minha.

Pude sentir o seu perfume maravilhoso, e admirar de perto seus olhos cor de mel.

– Ah, claro... Muito, muito obrigada pela gentileza... Nem precisava – eu disse, totalmente sem graça, e quando olhei para o lado, as meninas já estavam na esquina, fazendo sinal de que esperariam no carro e rindo da minha cara de boba.

– Nossa, vem sempre aqui? Desculpe a pergunta banal, mas é que eu sou cliente do Pedrão há uns 15 anos, e nunca te vi aqui – dizia ele.

– Acho que foi azar, então, porque quase toda sexta eu e minhas amigas nos reunimos aqui.

– Pois é, tomara que a sorte nos una mais. Mas se ela não ajudar, a gente força. Se importaria se me desse seu telefone?

É claro que eu não me importei. Além de lindo, ele era objetivo. O tipo de homem que eu procurava. Trocamos telefones. Ele me acompanhou até o carro, nos despedimos, e ele prometeu me ligar na semana seguinte para nos encontrarmos no Pedrão. Nem preciso dizer que as meninas foram o caminho todo perguntando cada detalhe de nossa conversa.

Passei a semana inteira pensando no Murilo, e aguardando a ligação dele. Mas a sexta-feira se aproximava, e sempre que o telefone tocava, não era ele. Quando as pessoas ligavam, eu logo arranjava uma maneira de desligar, pois achava que ele podia ligar, e daria ocupado.

Passaram-se mais alguns daqueles dias arrastados e ansiosos. Toda noite, eu dormia na esperança de que ele me ligasse, me mandasse um torpedo, e eu controlava a coceira dos meus dedos para não ligar para ele.

Trimmm.

Corri para atender.

– Alô? – atendi, ansiosa.

– Oi, Diiii.

– Oi, Betina – eu disse, frustrada com a voz do outro lado da linha. – Achei que fosse o Murilo.

– O gatinho do bar do Pedrão?

– É. Ele disse que ia me ligar, e até agora nada.

– E você? Não ligou para ele?

– Ah, eu não. Ele é que tem de ligar primeiro.

– Já te falei que isso não tem nada a ver, mas se não quer me ouvir... Vamos lá pro Pedrão?

Só aceitei o convite porque poderia ser uma oportunidade de vê-lo de novo. Ele poderia ter perdido o número, ter sido assaltado, ficado sem celular e sem forma de me ligar. Eu entenderia. De quebra, levei meu celular, muito bem carregado, e fiquei de olho nele, mas quase metade da noite havia passado, o Murilo não apareceu, e muito menos seu nome no visor do meu telefone.

– Diana, desencana disso. Para de sofrer! Pega esse telefone logo e liga para o cara. Você não está com vontade?

– Eu estou, mas...

– Mas o quê? Ainda com essa história da carochinha de que os homens é quem ligam primeiro? Depois reclama que o mundo é machista.

Betina estava certa, mas eu não tinha esse grau de coragem. Mal dormi naquela noite. Fiquei a noite inteira brigando comigo mesma. Uma parte de mim dizia que eu devia ligar, qual seria o problema? Para que ficar sofrendo, se eu poderia resolver tudo do meu jeito? Mas a outra parte dizia para não fazer isso. Que se o cara não ligou era porque não estava a fim, ou porque não tinha de ser, ou ele era casado, ou era *gay*, ou talvez fosse só coisa da minha cabeça...

Levantei antes de o sol raiar, tomei um café, li o jornal e fiquei olhando para o relógio, até dar um horário que fosse mais adequado para ligar para alguém. Encarei o celular umas 15 vezes, abri e fechei, briguei com a força dos meus dedos, indo em direção ao teclado, mas resolvi agir com o coração e não com a cabeça.

Disquei. Uma, duas, três chamadas... E caixa postal. Devia ser um sinal. Não era para ser, e muito menos era para eu estar fazendo aquilo. Porém, como sou teimosa, tentei mais duas vezes e, para minha sorte ou azar, ele atendeu.

Fiquei muda por uns instantes, enquanto ele falava alô do outro lado da linha:

– Oi, Mu-Murilo. É a Diana, lá do bar do Pedrão, tudo bem? – eu completei a frase com muito esforço.

– Oi, minha linda, tudo bem? Que bom ouvir sua voz. Pensei que estivesse esquecido de mim.

Eu ia dizendo o mesmo, mas inventei uma desculpa:

– Liguei para saber como você estava e saber se desistiu de tomar aquela cerveja comigo, lá no Pedrão?

– Eu?! Jamais. Só estava esperando você ligar. Que horas eu te pego?

O Murilo me pegou em casa, fomos para o bar do Pedrão e passamos uma noite agradável.

– Achei que você não ia ligar nunca – ele disse, cheguei a pensar, até, que ele tinha lido meus pensamentos.

– Não, é que...

– Estava esperando que eu ligasse? Vocês mulheres não mudam jamais – ele disse, dando uma gargalhada gostosa e apertando minha bochecha. Obviamente, senti-me ridícula.

– Ah, sei lá, de repente você poderia achar que...

– Gata, eu não acharia nada. Eu adoro mulheres que tomam a atitude. Soam como decididas para mim. Isso me excita, sabe? Além do mais, são vocês quem nos dão o sinal. Se ligam, é porque realmente gostaram.

Nem preciso dizer que aquilo foi um tapa na cara, e com luva de pelica, né? Bom, foi assim. Mais fácil do que eu imaginava, e, naquela noite, aprendi uma lição: faça o que você tiver vontade de fazer; esqueça as regras. E, além disso, existem homens – ainda existem – que não ligam para essas regras, e não vão te julgar, só porque você ligou primeiro. Muito pelo contrário, eles também aguardam ansiosos por sua ligação.

Homem tentação

Quase todos os dias, jurava para mim mesma que evitaria aquele olhar. Que me desviaria do caminho: "Talvez entrar pela copa seja uma boa ideia. Assim eu não sentiria seu perfume e, muito menos, aquela voz de cordeiro me dizendo 'Bom-dia'". Eu, porém, não sou muito boa em fazer promessas e as descumpria todos os dias ao chegar ao trabalho.

A missa era igual, sempre. Eu chegava, estacionava meu carro e dava uma fiscalizada para ver se o dele também já estava lá – confesso que ficava bem triste quando não via o possante preto estacionado –, daí eu pegava o elevador, subia para o 15º andar e, quando estava me dirigindo a minha sala, inevitavelmente eu tinha de passar frente à dele.

Eu tentava controlar meus olhos, mas eu era abduzida por aquele perfume maravilhoso e por aquela voz me dizendo: "Bom-dia, Diana". Me arrepiava na hora, gaguejava, as pernas ficavam bambas, e a minha imaginação ia longe.

– Eu não sei mais o que faço, Betina.

– É simples. Cai de boca no cara.

– Nossa, como você é prática! – eu retrucava, tentando fazer minha amiga entender o quanto era difícil resistir àquele Deus.

– *Hello*! Posso saber de quem vocês estão falando, por favor? Agora, vocês vivem aí de segredinho, e eu não sei mais dos babados – dizia Lili, morta de ciúmes, mas tenho de admitir que não gostava de contar todos os meus casos para ela. Preferia a sinceridade ríspida da Betina.

– Desculpe, Lili, é que tudo aconteceu de repente...

É verdade: todo esse feitiço aconteceu de repente na minha vida. O homem tentação, ao qual me refiro, é meu colega de trabalho, Paulo. Ele é gerente de *marketing* da agência onde trabalho.

Um homem lindo, poliglota, bem-formado, bom salário e um charme irresistível. Tudo bem, se não fossem os empecilhos: além de estar no auge dos seus 45 anos e fogoso com seus cabelos grisalhos, ele era casado, e muito bem-casado. Daqueles que têm a foto da família em cima da mesa do escritório. E, o pior, com uma linda mulher.

Eu não queria, outra vez, envolver-me numa história maluca como essa, porque eu conheço bem o final do filme. E não para por aí. Eu e o Pierre estávamos começando a nos entender novamente. Não era ainda namoro oficial, mas engatávamos uma doce reconciliação.

– E você está esperando o que para dar um mole para ele?

– Muita calma nessa hora, Lili. Nem todo mundo é como você. O cara é casado, a gente trabalha na mesma empresa e... Eu estou tentando me acertar com o Pierre de novo.

– Olha se eu fosse você, não perdia tempo. Tirar uma lasquinha, que mal tem? – alfinetava Lili.

– Além do mais você, já está caidinha por ele – completava Betina.

É duro admitir. Mas eu estava com pés e mãos arriados para ele. Eu não sei por que, mas o Paulo exercia um tipo de feitiço sobre mim, e eu não conseguia resistir. Minhas pernas bambeavam toda vez que eu o via. Seu perfume me embriagava, e eu nunca tive tanto prazer de ir ao trabalho todos os dias. Ele era como um prêmio de consolação, que eu queria conquistar. Até sonhos com ele eu andava tendo. Dos mais inocentes, aos mais cabeludos. Acho que eu estava pirando.

Numa sexta-feira qualquer, resolvi ficar até mais tarde no trabalho para dar conta de uma campanha que eu tinha de entregar na segunda-feira. A galera do escritório tinha ido para o sagrado *happy hour*, e eu preferi aproveitar a solidão do escritório, para me concentrar. De repente, porém, uma voz me desconcentrou...

– Ainda por aqui? – disse a voz encantadora do Paulo, depois de me deixar toda arrepiada e de dar um pulo de susto na cadeira.

– Nossa, que susto! – eu disse toda sem graça. – Pois é... Tenho de terminar essa campanha.

– Posso te ajudar em algo? – perguntou ele, se aproximando de mim. Fiquei morrendo de medo de que ele percebesse que os pelos dos meus braços estavam arrepiados.

– Que isso, muito obrigada. Não se preocupe. Sua esposa deve estar te esperando para o jantar a uma hora dessas – como eu queria ser aquela esposa.

– Ela não está em casa. Eles viajaram para a casa dos pais dela. Eu resolvi voltar ao escritório, porque deixei a chave do carro em cima da minha mesa... Hum... Deixe-me ver isto – disse Paulo, puxando uma cadeira e sentando-se a um centímetro de distância de mim. Acho que ele podia ouvir como meu coração pulava no compasso da bateria.

Paulo resolveu me dar umas dicas com a campanha, a hora passou, e nem vimos. Eu nem me importei com o tempo, porque estar ao lado do Paulo era um sonho – bem tentador – mas um sonho.

Infelizmente, acordei do sonho quando meu celular tocou e vi que era o Pierre. Eu havia me esquecido completamente que a gente tinha combinado de se ver naquele dia. O Paulo me fazia esquecer até meu nome. Depois de ouvir a voz irritada do Pierre do outro lado da linha, justifiquei dizendo que tinha que trabalhar até mais tarde, e que seria melhor nos vermos no dia seguinte.

– Seu namorado? – perguntou Paulo.

– É... Não é bem um namorado... Um amigo, digamos assim.

– Desculpe tomar o seu tempo.

– Que isso, eu que agradeço pelas dicas, mas acho que já está na hora de irmos, vamos?

– Posso lhe fazer um convite? – disse Paulo, olhando profundamente nos meus olhos. É claro que ele podia fazer o convite que fosse; eu diria sim.

– Que tal um drinque, para relaxarmos? Posso te deixar em casa, se você quiser.

Topei na hora. Deixei meu carro no estacionamento da empresa, e fomos a um bar no carro dele. O local tinha música ao vivo, e era superaconchegante. Eu não conseguia acreditar que estávamos ali, juntinhos, naquela noite.

Bebemos algumas doses de vinho e jogamos conversa fora. Primeiro, falamos de trabalho e, depois de alguns copinhos, já filosofávamos sobre a vida. Paulo me contou que era casado há dez anos, que se casou porque sua mulher engravidou, e que eram muito apaixonados na época, mas, no momento, passavam por uma crise conjugal.

Ele não sabia mais se ela o fazia feliz, e nem se ele a fazia feliz. É óbvio que eu adorei saber que eu tinha chance. Só não gostei quando ele começou a perguntar sobre meu relacionamento com o cara do celular, o Pierre. Foi difícil explicar, e como toda boa mulher que sou, disse a verdade. Contei que tínhamos namorado por um tempo, nos separado e que, agora, tentávamos nos reconciliar.

Lá pelas três da madruga, resolvemos ir embora. Ao chegar no estacionamento, Paulo, com seu cavalheirismo, abriu a porta do carro para mim. Entrei, e seguimos conversando.

– Nossa, Diana, você não sabe o quanto eu precisava relaxar. Foi uma glória ter esquecido as chaves no escritório.

– Eu é que tenho de agradecer. Graças às suas dicas, minha campanha está finalizada.

– Só valeu pelas dicas? – confesso que engasguei com aquela pergunta. O que eu responderia? Apenas sorri, encabulada e cabisbaixa.

Um silêncio tomou conta do ar. Mas Paulo quebrou:

– Espero que o Pietro, ops, Pierre saiba te dar valor dessa vez. Um homem que perde uma mulher como você só pode ser um imbecil.

Confesso que eu não esperava aquela sinceridade, mas começava a perceber que, talvez, o feitiço fosse recíproco.

– Sabe que você é uma mulher muito bonita, atraente, inteligente... Adoro mulheres assim... Tenho de confessar que é um martírio te ver todos os dias, com esse perfume irresistível – disse ele fungando em meu pescoço. – Fico sempre atento, para te ver passar e lhe dar bom-dia.

Só podia ser um sonho. Ele tinha o mesmo desejo que eu. Eu era a mulher tentação dele. Naquele momento, ele parou o carro em uma rua escura. Eu não fazia ideia de onde eu estava. Começou a alisar meu cabelo e a me encher de elogios. Tentei esquivar. Naquele momento, fiquei muito dividida. Eu estava prestes a realizar meu sonho, mas até que ponto essa tentação era válida? Ele era casado. Seria mais um rolo na minha vida. E eu? E o Pierre? Eram tantas as dúvidas que eu fiz apenas uma coisa: me deixei levar. Transamos ali mesmo, no banco traseiro do carro. Foi incrível!

– Que tudo! Diana, você não vale nada, mas eu gosto de você! – vibrava Betina, que, logicamente, deu plantão logo cedo em casa, para saber do babado.

– Ai, Betina, estou arrependida. Consciência pesada.

– Arrependida?! Eu não te entendo. Até ontem estava aí, toda melindrosa, louca para ser possuída pelo Paulo, e agora dói a consciência?!

– Mas, e o Pierre? Não é justo. Justo agora que a gente está se acertando?! Ele está fazendo um baita esforço para gente se acertar.

– E vocês vão se acertar.

– Como assim? Como eu vou olhar para cara dele hoje, sabendo que ontem eu estava dando pro meu gerente de *marketing*?!

– Diana, vira a página. Rolou e acabou. O Paulo foi só um homem tentação. Tipo aquele brigadeiro que você quer comer, come, se satisfaz e pronto!

– Homem tentação?! Você e suas definições (risos). Tudo bem. Vou tentar esquecer, só espero não cair em tentação de novo.

– É sempre bom repetir a dose, não é mesmo?

Confesso que foi difícil resistir às investidas do Paulo, mas resolvi ouvir minha consciência e preferi o certo ao duvidoso. Colocamos uma pedra naquele episódio. Ele se acertou com a esposa, e eu estou aqui, tentando me acertar com alguém.

Me deixe só

Trim, trim...

– Oi, Diiiiii – pela empolgação, nem precisava adivinhar: era a Lili ao telefone. – Te dou meia hora para se trocar; eu estou passando aí. Tem baladinha nova no pedaço. Vamos comer uma *feijuca* e curtir um pagodinho hoje, que tal?

– Ah, valeu, Li. Mas eu não vou sair de casa hoje, não. Vou ficar de pipoca e DVD. Aluguei uns filmes, comprei uns beliscos... Estou sem clima para sair hoje.

– Como assim, Diana?! Vai ficar enfurnada nesse apartamento, num sábado de sol? Eu não creio! O que houve? *Tá* deprimida? Não vai me dizer que bateu a depressão por causa do Pierre, hein?

– Não é nada disso, Li. Eu só não quero sair. *Tô* a fim de ficar quietinha no meu canto, pode ser?

Um pouco inconformada com a minha negativa, Lili desligou o telefone. Eu tinha direito de querer ficar quieta no meu canto. Eu tenho o direito de ficar só. O problema é que as pessoas nem sempre entendem isso. Por que querer ficar um pouquinho mais com você mesma incomoda tanto?

Sou uma pessoa que adora sair, ver gente, estar no meio do agito, mas tem hora em que eu preciso recarregar as energias, e eu gosto de ficar sozinha. Foi por essas e outras que optei por ter meu próprio canto.

Eu estava em mais um daqueles finais de semana preguiçosos. Quase meio-dia, e eu estava de pijamas e de pantufas. Cama desarrumada e sem hora para arrumar. Cabelo despenteado. Nem ao menos me lembrava se tinha escovado os dentes.

Sentada no sofá, comecei a planejar meu dia. Primeiro, iria me arriscar na cozinha, fazendo um bolo de cenouras, cuja receita peguei num programa de culinária outro dia. Depois, ia me jogar na cama, e ler mais uns dois capítulos daquele livro que comecei há uns dois meses. Então, vou me jogar debaixo das cobertas e assistir àquela comédia romântica (cujo final já sei), um dos dez filmes que eu aluguei para assistir no final de semana, tirar um cochilo, ouvir uma música – ai que saudades daquela coletânea do Djavan!

Enquanto eu divagava em meus pensamentos, por mais de uma hora, esparramada no sofá, minha campainha tocou. "Ai, não. Visita, não. Vou pedir pro porteiro dizer que, neste final de semana, eu morri". Abri a porta, e nem sei por que fiquei surpresa, ao ver Betina e Lili.

– Eu tinha de vir até aqui, para comprovar se era verdade. Não estou acreditando que você está mesmo de pijama, num sol desse?! – recriminava Betina.

– E posso saber qual é o problema de ficar de pijama num sábado desse, dentro da minha própria casa?

– Eu disse que não ia adiantar vir até aqui, Betina.

– E não adiantou mesmo, Lili. Nem vem, que não tem, esse final de semana eu não arredo o pé de casa.

– *Tá* ficando louca, Diana?! Pode ir tomando um banho, colocando uma roupinha, que a gente vai passear.

– Betina, eu não vou sair! – tive que ser dura para ela entender que eu não estava com vontade.

– O que houve, Diana? Vai me dizer que *tá* com depressão? Só pode ser por causa do Pierre!

– Gente, não tem nada a ver com o Pierre. Como vocês são chatas, hein? Eu só quero ficar sozinha no meu canto. Não estou a fim de sair. Divirtam-se!

Minhas amigas ainda ficaram mais uma hora tentando me convencer a sair de casa, mas eu estava decidida a ficar sozinha no meu canto. Eu tinha esse direito, e a minha vontade ia ser cumprida. Depois de muita insistência, e sob várias recriminações, elas foram embora.

Resolvi, então, ir à cozinha, para começar a minha obra de arte culinária. Enquanto isso, liguei o som no volume mais alto que pude, fiquei cozinhando e cantando juntinho com o Djavan.

Trim, trim, trim...

"Ai, não! Quem é agora? Se forem as meninas, eu vou ter que engrossar...".

– Diana?

– Oi, mãe! – pior que as meninas me enchendo, era ligação da minha mãe. Eu ia ter que escutar.

– Não sei para que vocês compram essa baboseira de celular. Ninguém atende. Estou te ligando desde cedo, e nada de você atender essa porqueira.

– Tudo bem, mãezinha? O que manda?

– Estamos aqui na chácara da sua tia. Vem para cá. Os seus primos estão todos aqui.

– Ai, mãe, manda um beijão em todos, mas eu não vou sair de casa.

– Como não? Você adora vir para chácara. E está o maior sol!

"Caramba, São Pedro. Poderia ter chovido esse final de semana, talvez assim as pessoas entenderiam a minha vontade de ficar só".

– Eu sei, mãe. Mas eu não estou a fim de sair de casa.

– Aposto que tem homem no meio. Quem foi que te magoou dessa vez? Se foi o Pierre, eu *mato ele.*

– Calma, mãe. Não tem homem no meio, e muito menos é culpa do Pierre. Eu só quero curtir o meu apê um pouco. Tenho mil coisas para fazer aqui.

– Tem certeza de que não aconteceu nada? Você tinha de vir. Mas nunca tem tempo para sua família mesmo.

A minha mãe já não engolia muito bem o fato de eu ter ido morar sozinha. E muito menos entendia quando eu queria ficar sozinha. Sempre jogava sujo para me amolecer, mas naquele sábado ninguém ia me fazer mudar de ideia.

Resolvi voltar à cozinha, e ao meu bolo de cenoura, que já tinha assado enquanto eu conversava com a minha mãe ao telefone. Falando nele, resolvi desligá-lo, para que ninguém me achasse. Peguei um pedaço de bolo quente (eu adoro bolo quente), joguei-me embaixo das cobertas e liguei o DVD.

Finalmente, consegui passar as duas horas do filme em paz e com silêncio absoluto. Achava que meu momento solidão estava começando ali. Depois do filme, adormeci, mas a campainha me acordou.

– Pierre?!

– Oi, Di.

– *Tá* fazendo o que aqui?

– Resolvi passar aqui para te ver, buscar um abrigo.

"Tudo de que eu menos precisava era do Pierre, quase às dez da noite, na minha casa".

– Como assim, buscar um abrigo?!

– Sabe como é, né... Bateu a saudade – dizia Pierre, já me abraçando, com segundas e terceiras intenções.

– Sinto muito, Pierre. Mas hoje não dá, não. Volta outro dia.

– Vai sair?

– Não. Vou ficar aqui, mas estou a fim de ficar sozinha.

– Ixi... Já vi tudo... Tá menstruada... Só pode ser TPM.

– Caramba! Será que eu não tenho o direito de querer ficar só? Todo mundo hoje deu para pegar no meu pé?

– *Tá* bom, *tá* bom... Não precisa ser grossa. Se o problema é esse, estou indo embora. Falei que era TPM.

Bati a porta na cara dele e fiquei bufando pela casa. Então, dei-me conta de que o dia estava acabando, e eu não tinha conseguido ficar em paz comigo mesma. Uma coisa tão simples. Quem seria o próximo a me importunar? Não atendo mais ninguém. Morri para o mundo.

Sentei na varanda com o meu livro, e comecei a me deliciar com sua leitura. Varei a madrugada lendo. Por incrível que pareça, consegui terminá-lo, e só me dei conta de que o tempo tinha passado quando vi o sol raiar. Graças a Deus, ninguém mais tinha me procurado.

Resolvi ir para cama dormir. Eu não tinha pregado o olho à noite toda e precisava descansar. Quando eu me ajeitava para deitar, a campainha tocou. "Eu não vou atender! Eu não vou atender!".

A insistência foi tanta que resolvi atender. Era o meu síndico, lembrando-me de que tinha reunião do condomínio, que começaria em quinze minutos. Tentei me esquivar, mas ele me lembrou de que eu já tinha faltado a três reuniões. Vesti um agasalho velho e fui pra tal reunião do condomínio.

Mal consigo me lembrar qual foi a pauta da assembleia, porque meus olhos não conseguiam parar abertos. Depois de vários e intermináveis minutos, a reunião acabou, e eu percebi – avisada pelo ronco do meu estômago – que eu estava sem comer nada desde o início da noite passada. Tinha me alimentado de leitura, apenas.

Contra os meus princípios, fui até a padaria comprar pão. E, no retorno, deparei-me com a Betina, na porta do meu prédio.

– Resolveu sair de casa, caramujo? Nossa, que cara é essa? A noite foi boa, hein? Sabia que você tinha outro compromisso e não quis me contar.

– Betina, para de ser boba. Passei a noite em claro, lendo um livro. E foi a melhor coisa que consegui fazer nos meus poucos momentos de solidão.

– Mas vai abrir uma exceção hoje, ou ainda *tá* de greve?

Eu adoraria ficar só no resto do meu dia, mas vi que não ia dar certo. Resolvi levantar bandeira branca, e voltar ao mundo. Subi para tomar um banho e, depois, fui almoçar com a Betina.

Cheguei à conclusão de que, da próxima vez que eu quiser ficar só, vou ter que ir para Marte, ou acampar no meio da floresta. Tudo porque é simplesmente impossível ficar só.

No divã

– Nossa, Diana, tenho achado você tão cabisbaixa e quieta esses dias. Aconteceu algo? – perguntava Cristina, uma das minhas colegas de trabalho, enquanto olhávamos as vitrines de algumas lojas na hora do almoço.

– Ah, sei lá, Cris. Ando meio desanimada sabe? Estou achando a minha vida meio sem sentido, não sinto mais prazer em fazer quase nada... Estou de bode! – eu respondia, com total desânimo enquanto olhava um sapato verde, na vitrine da loja.

– Ah, eu bem sei o que é isso. Já me senti assim, como você, mas, graças a Jane, a minha vida mudou.

Jane? Quem seria essa tal de Jane? Faltou pouco para eu gritar: "Pelo amor de Deus, me apresenta a Jane!". Mas, Cristina foi mais rápida na explicação:

– A Jane é a minha terapeuta. Ela é ótima. Estou com ela há um ano e meio e não vivo mais sem. Acho que você deveria ir lá, marcar uma hora. Aposto que ela vai te ajudar. Quer que eu te dê o telefone?

Aquela pergunta ficou martelando minha cabeça até o final do dia. Terapeuta? Será que o meu caso era tão grave a ponto de uma terapia? Não que eu tenha preconceitos – ou talvez eu tenha –, mas sempre achei que um desabafo no bar do Pedrão, uma choradinha no ombro da Betina, ou uma boa noite de sexo resolviam meus problemas. Naquele momento, porém, tudo isso só piorava meu estado de espírito.

– Acho que vou começar a fazer terapia. O que vocês acham? – eu questionava minhas amigas durante mais um de nossos encontrinhos no apartamento da Betina.

– A maior perda de tempo do mundo – respondia, prontamente, a dona da pensão. – Eu já gastei muita grana com isso, e não resolveu nada. Só dinheiro jogado fora; sem contar as várias horas falando de mim para alguém que mais parecia uma parede.

– Ah, eu acho ótimo. Não escuta ela não, Di. Todo mundo precisa de terapia na vida. Eu já fiz, me ajudou muito e estou louca para retomar, pena que já recebi alta.

– Então, seu terapeuta te deu alta porque não aguentava mais te ouvir falar do Otávio e das burrices que você faz. – retrucava Betina.

– Não sei, gente. Ando meio triste, cheia de questionamentos, sem rumo. Minha colega lá da agência me indicou a terapeuta dela, e meus dedos estão coçando para eu ligar.

– Você é quem sabe, Diana. Só acho que não vai adiantar.

– Só porque você não quis se ajudar na terapia, dona Maria Betina, não significa que a Diana não vai ser ajudada, OK?

Antes que as duas se atracassem no sofá, resolvi mudar o rumo da conversa, mas não o rumo dos meus pensamentos. Passei a semana inteira relutando comigo mesma, se eu deveria ligar ou não para a terapeuta.

Sempre achei terapia coisa de louco, ou de gente rica que não tem o que fazer ou com o quê gastar dinheiro. Porém, talvez, tivesse chegado o momento no qual todas as minhas teorias preconceituosas precisavam ser postas à prova.

Durante aquela semana, tentei de tudo para levantar meu astral. Comprei roupas novas, fui ao cinema, tentei responder sozinha a todos meus questionamentos, até apelei, indo na casa da minha irmã choramingar as pitangas. E me surpreendi ao descobrir que até a quadrada da minha irmã – casada há séculos e obediente àquele marido grosso e gordo – já tinha feito terapia uma vez na vida (e a danada não me contou nada?!).

Resolvi tomar coragem e marquei uma sessão com a tal da Santa Jane. No trajeto até o consultório, fui rezando para que ela fosse uma santa mesmo, sendo capaz de me dar uma solução para os meus problemas. Também não contei a ninguém que estava indo para lá, nem mesmo para as meninas, para evitar qualquer preconceito; se eu não gostasse, seria apenas um segredo íntimo, entre a tal da Jane e eu.

Chegando ao consultório, deparei-me com uma sala bem aconchegante, com um sofá branco e tão fofo que dava vontade de se jogar e dormir na hora. Uma mulher morena, alta e de óculos me atendeu. Era a tal da Jane. Sorridente, fez-me entrar, sentar e ficar o mais à vontade possível. Será que alguém é capaz de ficar à vontade com uma pessoa que nunca viu na vida, prestes a saber seus segredos mais íntimos? Confesso que eu me esforcei.

– Fico feliz que tenha vindo me procurar, Diana. Espero que eu possa lhe ser útil. Quero que saiba que eu não estou aqui para julgá-la, então não tenha medo de me dizer o que lhe aflige – a voz dela era doce e mansa, o que me fez lembrar minha primeira professora; seu sorriso era tão brando que conseguiu ir me acalmando.

– Bem, doutora, ou melhor, Jane... Eu resolvi apelar para a sua ajuda porque me sinto muito confusa ultimamente... Sem ânimo para fazer as coisas, e sem saber quem sou eu... Me sinto como alguém que está nadando para chegar na praia, e nunca chega... Minha vida amorosa está uma bosta... Só encontro homens que não querem saber de compromisso, ou que só entram na minha vida para magoar meu coração... O meu trabalho não me dá mais prazer... Trabalho dia e noite como um burro de carga e não vejo recompensa...

Desatei a falar das coisas que me afligiam e nem vi o tempo passar. Era como se eu e a Jane fôssemos velhas amigas. Confessei a ela coisas que nunca tinha dito a ninguém, e, aos poucos, fui me sentindo mais aliviada, retirando um peso do meu ombro, afugentando uma nuvem que parecia pairar sobre mim.

– Diana, a culpa das coisas, em nossa vida, darem certo ou errado é nossa. A gente é quem conduz nossa vida. Você é quem sabe a resposta para tudo que quer saber. Basta saber se ouvir; você vai encontrar a solução.

Mas, como assim? Eu passo cinquenta minutos falando sobre mim, querendo uma resposta, para essa mulher me dizer que eu tenho a resposta?! Quero o meu dinheiro de volta!.

Saí de lá batendo as tamancas, mesmo sob a recomendação de voltar na semana seguinte.

– E aí, Di, fiquei sabendo que foi lá na Jane... Gostou? – gritava Cristina, no meio da recepção da agência, esbanjando meu segredo mais obscuro.

– Ah, eu gostei sim – respondi, com o maior esforço, para esconder a indignação.

– Já vi que não gostou. Mas não desanima, não. Ela é ótima. É uma questão de tempo.

Seria apenas uma questão de tempo? Passei a semana seguinte inteira me questionando. Deveria voltar à terapia ou não. Achava até que estava me sentindo melhor, mais aliviada. Não precisava mais de terapia. Pronto, eu não vou.

Eu não iria. Até ter um pesadelo. Sonhei que estava dentro de uma piscina me afogando, e que várias pessoas olhavam, ao redor, e riam de mim, sem me ajudar. Acordei assustada e suada, no meio da noite, e despenquei a chorar.

Incrivelmente, chorei por quase uma hora. Não era um choro de TPM (tinha acabado de menstruar) e muito menos de tristeza. Foi um choro chorado, de uma forma que nunca chorei.

No dia seguinte, aquele sonho me perseguiu. E, antes que eu ficasse louca, dei meia volta no quarteirão, e toquei o carro para o consultório da Jane. Estava resolvida a dar mais uma chance a ela, mas apenas uma!

– Diana, que bom te ver de novo – disse a terapeuta me dando um abraço maternal.

Sentei e desatei a falar. Contei-lhe meu pesadelo, e minha reação depois dele. Ela tentou me ajudar a interpretá-lo, e disse que aquilo era sinal de que algo na minha vida não ia bem. As pessoas do sonho não me ajudaram porque apenas eu poderia ajudar a mim mesma. Uma loucura desse tipo, mas que até fez sentido.

Comecei a falar mais sobre a minha vida; da decisão de sair da casa dos meus pais, para poder ter mais liberdade, até o fato de estar sempre tentando encontrar meu príncipe encantado e cair do cavalo. Enquanto eu revivia alguns momentos da minha vida, desatei a chorar de novo. Jane me cedeu uma caixa de lenços, e eu chorei como uma criança que perde a chupeta.

O mais engraçado de tudo é que não tive vergonha de chorar na frente da Jane e, apesar de ela mais me ouvir do que falar, comecei a perceber algo muito importante (acho até que isso é a chave da terapia): comecei a me ouvir.

– Diana, você é um passarinho que nasceu para voar. Você tem essa necessidade de ser livre. Sair da casa dos seus pais não foi apenas uma decisão cômoda, mas foi uma forma de dizer a eles que você é livre. Essa sua busca incessante pelo príncipe não é à toa. Acho até que você já possa ter encontrado bons pretendentes, mas preferiu relutar a ter de podar sua liberdade.

Tudo parecia um pouco confuso quando saí do consultório, mas as frases ditas pela Jane não saíram da minha cabeça durante o resto da semana.

Sem me dar conta, percebi que eu precisava de terapia, e que eu não estava ficando mais ou menos louca com aquilo. Eu apenas estava sendo apresentada a uma pessoa próxima de mim, mas que eu desconhecia: eu mesma. Sempre que eu ia às sessões, saía de lá com questionamentos que me faziam refletir, ou tinha o prazer de encontrar respostas que estavam diante dos meus olhos, mas que eu não conseguia ver.

E assim se passaram os dois anos em que estive com Jane. Sem perceber, tinha resolvido todos os impasses da minha vida. Podia muito bem me virar sem ela agora. Eu acabara de receber a tal da "alta".

– Tentei te ligar ontem à noite, mas deu caixa postal, o que houve? – perguntava Betina.

– Fui na Jane.

– Jane?! Quem é essa? – perguntava minha amiga, sem me dar conta de que eu tinha mantido as sessões em segredo.

– Ah, era a minha terapeuta.

– Terapeuta? Você estava fazendo terapia e nem nos disse nada?

– Dois longos e ótimos anos. Dizer para quê? Para você me pregar na cruz? Quem não te conhece que te compre, dona Betina. E você quer saber? Foi a melhor coisa que fiz na vida.

– Bem que eu percebi você um pouco mudada mesmo... Mas, e aí, deu resultado? Ela é boa? – perguntava Betina, com ar de curiosidade.

– Quer saber para quê? Você não acredita nessas coisas.

– Ah, Di, sabe como é, né... Vou confessar... Acho que agora eu é que estou precisando de terapia – confessava, com vergonha de assumir tal coisa.

– Ai, Betina... Então, anota o telefone da Santa Jane.

Não só indiquei a Jane para a Betina, como para todos que se aproximavam de mim, e falavam de terapia. Mesmo sem precisar continuar as sessões, minha mão coça com vontade de querer voltar. Acho que sempre vou precisar da Jane.

Quem fica com o buquê?

Pior do que ficar solteira é perceber que todas as suas amigas, primas, vizinhas, enfim, todos os outros seres da sua idade estão se casando, e você ficando para trás. O problema não é ser solitária, eu até que gosto de minha liberdade e solidão. O problema é o casamento das outras. A cada convite que recebo para o casamento de uma conhecida é como se os anos pesassem nas minhas costas e gritassem: "Encalhada!".

Aquele era um sábado que poderia ter sido como qualquer outro, se eu não tivesse ido checar a minha caixa de correspondências.

– Dona Diana, bom-dia! Tem uma correspondência para a senhora. Deixaram aqui ontem à noite... Acho que era uma tal de Roberta – dizia Seu Zé, meu porteiro, ao me entregar o tal envelope.

Antes que eu pudesse dizer obrigada, quase caí dura para trás, ao me deparar com o convite de casamento da minha prima Roberta. Como assim? Até a Roberta vai casar?

Subi às escadas até meu apartamento, lendo o convite umas vinte mil vezes para acreditar que minha priminha ia casar. Não que eu estivesse com inveja. Não era isso, mas a Roberta sempre foi tão beata, nem bonita ela era, quase não saía de casa (nas poucas vezes em que o fez, eu que era obrigada a sair com ela). Como ela tinha conseguido agarrar um peixe?

Foi o tempo de abrir a porta do meu apartamento, e meu telefone tocou. Atendi ainda atordoada com as informações.

– Diana? Oi, é a Roberta!

– O-oi... Prima, tudo bem?

– Espero que não esteja te atrapalhando. Queria saber se você recebeu meu convite de casamento.

– Convite?! Ah, recebi, sim. Poxa, que legal... Você vai casar! – eu tentei dizer, fingindo felicidade da melhor forma possível.

– Nem acredito, prima! – nem eu acreditava.

– Será que eu e o Jorge podemos passar na sua casa, hoje à noite? A gente queria conversar com você.

– Cla-claro.

O que mais a prima Roberta queria me dizer? Ela já tinha quase me enfartado com aquele convite! Passei a tarde inteira processando a informação e relembrando nossa infância.

Roberta é filha da irmã mais velha do meu pai. Quando criança, éramos bem próximas, mas a adolescência foi chegando, eu me rebelei, e a Roberta sempre no seu caramujo. Saíamos algumas vezes, trocávamos algumas confidências, mas ela – ao contrário de mim – sempre foi cheia de pudores.

Na certa, a vida nos levou para caminhos diferentes, e passamos a nos encontrar só em almoços de família, velórios e casamentos. Eu não me recordava da última vez que a tinha visto acompanhada, até aquele momento.

– Prima! – disse Roberta, abraçando-me euforicamente, assim que abri a porta. – Que saudades!

Fiquei estática quando a vi. Eu mal podia reconhecê-la. Ela tinha emagrecido uns dez quilos, havia cortado os cabelos e estava mais jovial, mais bonita. O que o amor não faz com as pessoas.

– Esse é o Jorge.

Só podia ser piada divina. O cara era um gato. Onde a Roberta escondeu esse tesouro por tanto tempo? Eu me recompus e pedi que os dois entrassem. Ofereci alguns petiscos e cerveja, mas o casal puritano não bebia. Ficamos só no suco de laranja mesmo.

Roberta me contou que tinha conhecido Jorge em uma viagem à Argentina. Ficaram muito amigos e, em menos de um ano, tinham noivado. Ela tinha certeza absoluta de que ele era sua alma gêmea. Depois de mais de uma hora falando sobre a vida do casal, Roberta veio com a bomba:

– Di, na verdade, eu estou aqui para te fazer um convite. Eu e o Jorge queremos que você seja nossa madrinha. Você aceita?

O quê? Madrinha? Não tinha cargo pior para assumir que eu tinha ficado encalhada. Ser madrinha do casamento da minha prima e, além do mais, ao lado de um amigo solteirão qualquer do noivo. Uma velha tática de tentar me desencalhar. Como a vida nos prega peças, não tive como fugir. Aceitei o convite.

Roberta ficou radiante e prometeu me ligar para me passar todos os detalhes da cerimônia, que aconteceria em dois meses.

– Gente, acho que não tem saída para mim. O meu fim é ficar para titia.

– Vixe, que conversa é essa, Diana? – perguntava Lili.

– A minha prima Roberta vai casar. Até ela conseguiu alguém. Será que eu tenho algum problema?

– Para com essa conversa boba. Sua hora ainda não chegou. Só isso.

– Caramba, mas esse relógio *tá* sempre atrasado?! E o pior. Ela me chamou para ser madrinha. Que coisa mais deprimente! Ainda vou ter de ficar no altar ao lado de um cara solteirão que eu nem conheço, sendo chacota para toda a minha família, que vai perguntar o tempo inteiro se eu não vou casar. Além do mais, tenho certeza de que farão de tudo para o buquê cair nas minhas mãos.

– Tente ver por outro lado...

– Que lado, Lili?! Não consigo ver romantismo nisso. E amanhã é o chá de cozinha com as madrinhas. Você vem comigo, né?

Sem muita dificuldade, eu a convenci. Lili adorava uma boquinha livre – ainda mais quando é em nome do amor. Fomos ao tal chá de cozinha. Como não estávamos acostumadas com essas coisas, fomos as últimas a chegar. E adoraria ter sido a primeira a sair, quando me deparei com a Liga das Senhoras Católicas.

– Olha só quem chegou! A próxima noiva... Você não muda mesmo não é meu amor? Sempre atrasadinha – dizia tia Chica, a mãe da Roberta, apertando-me a bochecha e me dando um abraço.

Antes que eu pudesse corrigi-la, dizendo que eu não via nenhuma outra noiva, foi me arrastando pelo local, para me apresentar a suas amigas e me levar até Roberta.

– Prima, achei que tinha desistido do convite!

"Bem que eu queria" – pensei.

– Deixa eu te apresentar uma pessoa. Aposto que você vai amar.

O pior estava por vir.

– Dona Célia, essa é Diana, minha prima. Aquela de que eu te falei... Ah, Di, essa é a mãe do Rafa, aquele amigo solteiro do Jorge. Ele vai ser seu padrinho.

Para o mundo que eu quero descer! Ser madrinha já estava sendo demais. Agora, me apresentar para a mãe do padrinho?! Era o fim da picada!

A tal da dona Célia passou o tempo inteiro do meu lado, me fazendo mil perguntas, a fim de testar se eu seria uma boa nora. Também ficou exaltando todas as qualidades do tal Rafinha. Confesso que até fiquei curiosa. E a Lili, em vez de me ajudar, ficou se empanturrando de lanchinhos, salgadinhos, coquetéis. Bela amiga!

Finalmente, o chá tinha acabado, e nos demos conta de que éramos as últimas.

– Estava tudo ótimo, Roberta – eu disse, morrendo de vontade de sair correndo daquele ambiente.

– Ai, Di, fico tão feliz que você tenha aceitado ser minha madrinha. Sinto tanto sua falta, das nossas conversas, dos velhos tempos... Quem diria. Você sempre tão pra frente, bonitona... Nunca imaginei que iria me casar antes! Mas, relaxa, que sua hora vai chegar, viu? Aposto que você e o Rafa vão se dar bem.

– Lili, pelo amor de Deus, me arruma uma desculpa para não ir a esse casamento – eu suplicava, desesperadamente, à minha amiga, enquanto voltávamos para casa.

– Amiga, até eu, que sou a mais romântica das mulheres, só tenho uma coisa a dizer: você está ferrada. Não tem como fugir.

– Você viu só o que elas fizeram comigo? Até a mãe do padrinho eu tive de aturar. Nem sei quantas vezes aquela velha chata me falou do tal Rafinha. E a Roberta precisava ter dito aquilo? "Nem imaginava que me casaria primeiro". Aposto que ela amarrou o nome do Jorge na boca do sapo.

– Ai, que viagem, Diana. Relaxa. Agora é só subir no altar e curtir a festa. E eu vou com você, hein?

Tinha até me esquecido de que eu recebi dois convites. Acho que na esperança de que eu fosse com meu namorado. Só me restava, porém, carregar a Lili, e aguentá-la choramingando na cerimônia.

Para minha sorte, ou azar, o dia do casamento tinha chegado. Passei a tarde inteira no cabeleireiro, junto com a Roberta. Ela tinha fechado um pacote de dia da noiva, e fez questão de levar as madrinhas. Ver Bela, a Feia, transformando-se em noiva foi o pior castigo da minha vida.

Quando chegamos à igreja, Jorge logo me chamou para me apresentar o tal Rafinha. Se eu pudesse, tinha saído correndo. O cara era a cópia do Bill Gates. Estava na cara que ele era virgem, morava com a mãe, jogava videogame e devia ter uma coleção de revista de mulher pelada embaixo da cama. Foi logo me comendo com os olhos e pegando no meu braço. Só foi soltar quando o casório acabou.

Roberta estava linda. Enquanto ela caminhava pelo corredor central da igreja, um filme foi passando em minha cabeça. Quando chegaria a minha vez? Não prestei atenção em nada do que o padre disse. Só me dei conta de que tinha terminado, quando o "Rafa Gates" me puxou pelo braço, e saímos da igreja.

A festa seria numa mansão. Digna de casamento de Lady Di. Foi uma festa pomposa. Passei a noite toda tentando fugir dos olhares do padrinho, e dos comentários maldosos das minhas tias.

– Vocês não vão dançar, meninas? – perguntava minha mãe.

– *Tô* cansada, mãe – eu dizia, enfiando a milésima coxinha na minha boca, porque a única coisa que me restava era comer.

– Depois reclama que está sozinha. Olha só, a festa *tá* cheia de partidão e você aí sentada.

– Vai começar com a língua afiada, mãe? – era sempre assim, quando alguém casava. – Vamos tomar um ar, Lili!

Enquanto fumávamos no jardim da festa...

– Diana, você tem de relaxar.

– Relaxar como? Desde que essa história de casamento começou, todo mundo só sabe me lembrar do quanto eu estou sozinha.

– Faz parte do jogo, amiga. Se você ficar dando atenção vai ser pior. Falando em atenção, lá vem o seu padrinho.

– Olá, senhoritas – dizia o filho do Bill Gates. – Será que poderia me conceder a honra da dança?

– Eu adoraria, Rafael, mas meu salto *tá* acabando com meu pé. Por que você não dança com a Lili?

Antes mesmo que ela pudesse pensar, eu a empurrei para os braços dele, e os dois se perderam na festa. Dançaram a noite inteira. Para Lili, basta ser homem: caiu na rede é gol.

Fiquei um tempo observando o ambiente. Vendo quase todos os meus primos com suas esposas e seus esposos, correndo atrás de seus filhos, e eu ali, parada e sozinha. Será que é essa a vida que eu quero para mim?

Antes que eu pudesse responder, uma das madrinhas me chamou para a hora do buquê. Eu tinha me esquecido que faltava mais esse castigo; não tinha como relutar.

Mulheres histéricas aglomeraram-se atrás de Roberta. Tentei me esconder o quanto pude, mas no 1, 2, 3... O buquê tinha caído no meu pé. Tudo que eu menos queria. Dali até o final da festa, virei o centro das atenções. Todos só perguntavam onde estava o noivo. Eu é que gostaria de saber se ele existe, e se mora nesse planeta.

Fui embora assim que cortaram o bolo. Lili quis ficar mais um pouco e disse que iria embora com o Rafael. Os dois tinham se entendido bem. Até a Lili tinha conseguido se arranjar. Não era bem um príncipe, mas era um homem.

Enquanto eu esperava o manobrista trazer meu carro, uma voz me chamou:

– Diana?

Olhei e mal pude acreditar. Seria mesmo o Jonas?

– Sim, sou eu. Jonas.

O Jonas era um dos melhores amigos de um dos meus primos. Foi uma paixonite aguda que tive na adolescência. A gente ficava sempre que se via, mas, depois, nunca mais nos vimos. Os anos tinham passado, mas a beleza continuava a mesma.

– Já *tá* indo embora? – perguntava ele.

– Pois é. Estou meio cansada. Sabe como é... Acho que não tenho mais idade para madrugadas.

Ele riu. O seu sorriso continuava encantador.

– É uma pena. Adoraria conversar com você mais um pouco. Eu fiquei te olhando a festa toda, mas não estava te reconhecendo. Você *tá* tão bonita, ou melhor, mais bonita. Anota meu telefone, me liga para gente marcar de se ver.

Aquilo só podia ser pegadinha do cupido! Só sei que resolvi não duvidar, e anotei o telefone. Será que a magia do buquê estava fazendo efeito? Por via das dúvidas, eu é que não queria ficar com ele para sempre.

Garoto chiclete

– Oi, coração! Bom-dia! Te liguei só para saber se minha bonequinha dormiu bem.

É isso mesmo que você está pensando. A “coração” e a “bonequinha” do outro lado da linha era eu.

– Oi, Gustavo, tudo bem? Eu estou ótima, sim. Nas últimas duas horas em que você me deixou sozinha, nada aconteceu. Pode ficar bem tranquilo.

Fazia menos de duas horas que o Gustavo tinha deixado meu apartamento. A cama mal esfriara, e ele já estava me ligando para dizer que estava morrendo de saudades. Nem me assustei, pois isso fazia parte de um ritual ao qual eu estava tentando me acostumar.

Conheci o Gustavo numa festa de aniversário de uma amiga de trabalho. Conversamos um pouco, dividimos algumas latas de cerveja e tragadas de cigarro, ele me ofereceu uma carona, eu aceitei, trocamos telefones, saímos uma vez, ficamos, e ele não larga mais do meu pé.

Não que ele seja um cara desinteressante, mas o problema é que o Gustavo é do tipo meloso. O típico Garoto Chiclete. Um grude na minha vida. Me liga de manhã, para dizer "Bom-dia", de tarde, para dizer "Boa-tarde", e de noite, para dizer "Boa-noite". Como se não bastasse, ainda aparece de surpresa, quase todos os dias, lá em casa, e tem uma preocupação excessiva comigo. Sem contar que fica me chamando de nomes no diminutivo de forma babaca e idiota. É coraçãozinho para cá, lindinha para lá, e assim vai.

– E por que você não dá um pé na bunda dele, Diana?

– Ai, Bê, eu não sei. Ainda tenho esperança de que ele vai mudar. Ele é um cara legal, beija bem, faz amor gostoso, o que me irrita é essa pegação no pé.

– Falando no chicletinho, olha ele vindo aí...

Ao olhar para trás, deparei-me com Gustavo, entrando pela porta principal do bar do Pedrão. Eu confesso que tinha odiado a surpresa. Eu havia dito para ele que ia sair com as meninas.

– Oi, gatinha. Gostou da surpresa? – dizia Gustavo, me dando um beijo na mão, outro na minha testa, e sentando, já agarrado, a meu lado – Desculpa atrapalhar, Betina, mas eu não consigo ficar mais de um minuto longe do meu coraçãozinho.

– Que é isso, fica à vontade! – dizia Betina, tomando um gole de chope para conter o riso.

Ficamos por cerca de uma hora jogando conversa fora, mas eu já estava me sentindo sufocada com aquele cuidado todo, aquelas babações para cima de mim. Resolvi fingir que estava cansada e disse que queria ir para casa:

– Ah, docinho, *tá* cansadinha, *tá*? Eu te levo para casa – dizia Gustavo, alisando meu rosto e praticamente me pegando no colo.

Tentei convencê-lo de que a Betina poderia me levar para casa, que eu não queria tirá-lo do caminho, mas não adiantou. Ele insistiu em me levar para casa.

Chegando à porta do meu prédio, dei um beijo nele, e fui saindo do carro, mas ele me puxou pelo braço, e me beijou novamente.

– Não consigo ficar um minuto sem beijar essa boquinha linda, sabia?

Mal ele sabia que estava odiando aquela beijação toda.

– Não vai me deixar subir, gatinha? Adoraria fazer uma massagenzinha nos seus pezinhos.

– Me desculpe, Gu, estou morrendo de dor de cabeça.

– Ai, meu neném *tá* dodói, *tá*? – dizia, me apertando a bochecha do jeito que eu mais odiava – Tudo bem! Vou deixar meu coraçãozinho nanar e amanhã cedinho estou aqui.

– Gu, não precisa vir cedo, não. Eu vou ao *shopping* amanhã. Preciso fazer umas comprinhas – eu disse, com esperança de que ele desistisse.

Inútil tentativa a minha. No dia seguinte, praticamente antes do sol raiar, Gustavo já estava de prontidão na minha casa.

– Não acredito que o Gustavo vai fazer compras com a gente! – questionava Lili, enquanto eu pegava a minha bolsa.

– Eu tentei de tudo, amiga. Mas ele não se tocou. O negócio é encarar agora.

E lá fomos nós três fazer compras no *shopping*. Eu nunca imaginei o quão horrível seria ir às compras acompanhadas e, pior, com alguém que te tratava como um *poodle*, e que opinava em tudo que você queria comprar. Como se não bastasse escolher até seu absorvente.

– Adorei essa calcinha, *amore*. Acho que você deveria comprar – dizia Gustavo enquanto escolhia calcinhas e sutiãs para mim.

Na tentativa de tentar acabar logo com aquele martírio, reduzi as minhas habituais quatro horas de compras a apenas uma hora e meia.

– Gu, se quiser, pode ir para casa agora. Amei sua companhia, mas eu e Lili temos hora marcada no salão do Beto.

– Faço questão de acompanhar as damas, amorzinho.

– Não precisa se incomodar, Gustavo – dizia Lili, com olhos suplicantes, como quem pede socorro.

E não adiantou de nada suplicar. Ele nos levou até o salão de cabeleireiro, e ficou sentadinho, esperando a gente fazer unhas, depilação, escova, hidratação. Detalhe: tirando o Beto, que é meio homem, ele era o único naquele ambiente.

– Meninas, quem é aquele bonitão ali? – perguntava meu cabeleireiro enquanto fazia uma chapinha no meu cabelo.

– Ih, Beto, pode tirar o olho. Aquele é o novo peguete da Diana – respondia ironicamente Lili, enquanto esperava secar as unhas.

– Chiclete, você quer dizer, né, Lili?

– Ih, pelo jeito, a coisa *tá* feia, hein? Achei o máximo o bonitão ficar te esperando. Que romântico!

– Não vejo nada de romântico nisso, Beto. Desde que a gente começou a sair, eu não consigo mais respirar. Não tenho um minuto de paz. Se eu espirro, ele diz saúde! – desabafava.

Passamos o restante do dia a falar sobre a melação do Gustavo e, mesmo com a demora rotineira de um salão de belezas, o Gu não arredou o pé.

– Nossa, como o meu coração está uma gata! – ele elogiava o resultado da espera.

– Te fiz esperar demais? Você deve estar cansado. Não quer ir para casa tomar um banho?

– Na sua ou na minha?

Mais uma tentativa, em vão, de eliminar Gustavo do meu dia. Ele não só tomou banho na minha casa, como preparou um jantarzinho para nós dois, fez massagens nos meus pés e me fez ninar. Tudo perfeito, se eu não estivesse de saco cheio com tanta perfeição.

– Eu não aguento mais, Betina! – desabafava ao telefone com a minha amiga, num valioso minuto de paz.

– Dá um pé na bunda dele.

– Se fosse tão fácil, eu já teria dado. O Gustavo não me deixa pensar, não me deixa respirar... Agora mesmo... Aproveitei que ele foi à padaria, e liguei para você.

– Acho que isso já passou dos limites. Ele já é bem crescidinho para entender que o coraçãozinho dele não *tá* mais a fim.

– E você ainda consegue ironizar?

Minha amiga estava certa. Eu ia ter de driblar todo aquele mel, e dizer, com toda minha amargura, que não dava mais. Foi o que tentei durante todo aquele dia, mas os carinhos e as lambeções do Gustavo não me deixavam falar. No fim do dia, quando finalmente ele resolveu ir para casa, eu disse:

– Não precisa mais voltar, Gu.

– Como assim, coraçãozinho? – perguntava, com olhos tristonhos.

– Pelo amor de Deus, não me chama de coraçãozinho. Eu não sou o seu coraçãozinho.

– O problema é esse? Tudo bem, gatinha, eu não te chamo mais assim.

– O problema não é só esse! Você me sufoca, Gustavo. Eu adoro ser mimada, sim, mas toda hora *tá* difícil. Você não me deixa respirar. Desde que você entrou na minha vida, eu não sei o que é ter um minuto de privacidade.

– Me desculpa, co... Digo, Diana. Eu só queria te fazer feliz.

– Eu agradeço, mas jamais serei feliz assim.

Gustavo me olhou com olhos de cão tristonho – confesso que fiquei com dó, e me senti uma bruxa – mas era necessário. Se eu não fosse dura, ele jamais iria entender.

E ele realmente demorou a entender. Resolveu mandar flores, bombons e ursos de pelúcia para tentar uma reconciliação. Mais uma prova de que, se eu perdoasse, a melação continuaria. Resolvi ignorar os presentes e as ligações insistentes. Resolvi, também, que não quero mais saber de chiclete na minha vida.

Paixonite aguda

Quem disse que o vírus da dengue e o da gripe suína são os piores do mundo? Eu discordo em gênero e número. O da paixonite aguda é pior ainda. E toda mulher, em sã ou sem consciência, será picada por ele, um dia, e vai sofrer desse mal. Eu, quase sempre, sofro dele.

Ele vem da noite para o dia e, quando eu menos percebo, lá estou eu apaixonada, mais uma vez. E, na maioria das vezes, por alguém que não faz a mínima ideia de que existo. E aquela era mais uma época de contágio.

– Gente, estou apaixonada! – revelava às minhas amigas, enquanto dividíamos um balde de pipocas, assistindo a um filme romântico.

– Por quem dessa vez, Diana? Porque, semana passada, você me disse a mesma coisa – retrucava Betina, sem prestar muita atenção em minha declaração nem um pouco inédita.

– É sério, Betina. Eu estou apaixonada de verdade!

Eu realmente achava que estava apaixonada. E a vítima da vez era um homem que eu encontrava apenas na hora do almoço, no restaurante a quilo em que eu comia. Detalhe: eu não fazia ideia do nome dele, onde ele trabalhava, o que ele fazia; só sabia que meu coração acelerava sempre que eu o via.

Bastava aquele homem entrar pela porta do restaurante, sempre de terno, mexer nos cabelos e se dirigir ao bufê, que as minhas pernas já tremiam, meu coração acelerava, e eu parecia uma adolescente boba da época do ginásio.

– Mas você ao menos sabe o nome dele, Diana? – perguntava Betina, depois da minha revelação.

– Não, eu não sei, Bê. Mas vou descobrir. Ah, e o que importa?

O que mais dá graça à paixonite aguda é o mistério. Tanta emoção por algo misterioso. Acho que essa era a graça de se apaixonar por um desconhecido. O mistério.

Apesar disso, eu bem que tentava descobrir alguma coisa sobre a vida dele. Além de apaixonada, agia como detetive. Eu fazia um baita esforço para ir almoçar às treze horas, pontualmente, e chegar ao restaurante às treze horas e doze minutos. Hora em que ele costumava chegar.

Como sempre andava de terno, imaginava que ele deveria ser um advogado. Outro dia, o vi com um livro do Código Civil nas mãos. Não tinha aliança. Logo, deveria ser solteiro ou separado, pois o grisalho dos seus cabelos indicava que já passava dos 35 anos de idade. Ele sempre ia almoçar com dois amigos. Acho que era uma pessoa que não confiava muito nos outros. Discreto, pois seus ternos alternavam entre o azul marinho e o preto. Quase nunca faltava ao nosso encontro às escondidas (inclusive, escondido dele) na hora do almoço. Homem trabalhador e comprometido com o trabalho.

– Diana, não sei por que você perdeu tempo com a publicidade. Você daria uma ótima psicóloga – dizia Betina, abismada com a minha observação.

– Ai, ele é tão lindo! Ai, ai. Ontem à noite, sonhei com ele, acredita? Mas no sonho eu não conseguia ouvir a voz dele.

– Acho que *tá* mais do que na hora de você dar uma investida nesse cara. Chega de bancar a adolescente, Diana.

– Não. Eu não quero. Melhor assim. Prefiro que ele me note.

E, quase sempre, era difícil que ele me notasse. Por mais que eu o observasse diariamente, ele parecia não me enxergar. Era como se eu fosse um fantasma. Aquilo, ao mesmo tempo, me doía o coração, mas também me aliviava. Eu gostava de ficar no anonimato.

Certo dia, estava no ponto de ônibus, saindo do trabalho, esperando a condução, pois meu carro tinha quebrado. Ele se aproximou de mim e ficamos ali, lado a lado, esperando o ônibus.

Meu coração quase saiu pela boca. O que dizer? Será que ele se lembrava de mim, lá do restaurante? Será que eu ainda estou cheirando perfume? Foram tantas perguntas que ele acabou subindo num ônibus, rumo à zona oeste, e eu perdi a oportunidade.

– Não creio que você ficou igual uma pamonha, e não disse nada?!

– Bê, eu não consegui. Sei lá o que me deu. Até parece que você não sabe como são essas coisas...

– Graças a Deus, eu não sei mesmo.

Aquela paixonite aguda já durava mais de três meses. Estava achando até que eu ia para o *Livro dos Recordes*. E eu continuava na mesma. Sem saber nada sobre ele. Até aquele dia, lá na agência...

– Pessoal, gostaria de que todos conhecessem o nosso novo funcionário, Ronilson!

Parecia coisa de filme de Hollywood, o tal do Ronilson era ele. Ronilson? Como assim? Que nome mais feio para um cara tão gato. Demorei para me recompor, e acreditar que ele seria meu colega de trabalho. Ronilson tinha sido contratado para trabalhar na área jurídica da agência. Pelo menos, a profissão eu acertei. E o que eu faria agora?

– Vai esperar mais o que para falar com ele? O cara, agora, está na sala ao lado – Betina tentava me encorajar.

Eu bem que tentei, mas perdi o tesão. Depois que descobri que ele era o Ronilson, e que ele passou a ficar ao meu lado todos os dias, a paixão esfriou, perdeu a graça.

– Como assim, perdeu o tesão? Até outro dia você não estava aí toda boba por ele? Não te entendo.

– Não sei, Betina, cansei. A paixão acabou. Sei lá, passou.

– E quem é a próxima vítima?

– Tem um carinha lindo que eu vejo todo dia lá no estacionamento... Acho que estou apaixonada.

Nem preciso dizer que a Betina riu e se preparou para ouvir a mesma ladainha. Era sempre assim. Na mesma velocidade em que as paixonites vinham, elas iam. Às vezes, é um pouco difícil lidar com isso, mas, enquanto a vacina não chega, vou vivendo.

Solteiro sem dinheiro

Ficar solteira tem seu lado bom, mas, vamos combinar: também tem algumas desvantagens. Não só emocionais, como financeiras. Ficar solteira é sinônimo de prejuízo – pelo menos para nós, mulheres (aos homens se aplica a regra inversa).

– Vamos para onde hoje, meninas? – perguntava Lili, empolgadíssima e pronta para balada.

– Eu só estou indo do quarto para sala – eu respondia, ao checar minha conta bancária na internet.

– Ah, gente, vamos ficar em casa?!

– Eu, pelo menos, vou, Lili. *Tô* lisa. Mal tenho dinheiro para comprar o pão amanhã.

– E o cartão de crédito?

– *Tá* estourado.

– E o limite do banco?

– Já estou no limite do limite. Nessas horas, até sinto saudades do Pierre...

– Lá vem você metendo homem na conversa – resmungava Betina, que nos ouvia enquanto fumava na varanda.

– É, sério, gente. Quando eu estava com o Pierre, eu mal abria a minha carteira. Ele ficava furiosíssimo se eu quisesse pagar a conta... E o pior é que a besta aqui insistia em dividir... Direitos iguais. Que besteira! Devia era ter feito uma poupança para quando ele me desse um pé na bunda.

– Não exagera, Diana. Eu pago para você. Depois você acerta. – dizia Lili, a endinheirada da turma. Eu até me esquecia de que, para ela, dinheiro não era problema.

Ter amigas é uma das coisas boas. Elas sempre te ajudam quando você está na pindaíba. E, o melhor de tudo, não te cobram nunca. É uma dívida eterna. Uma mão lavando a outra.

Apesar de ter amigas para me socorrer nos desesperos financeiros, nem sempre me sinto à vontade para recorrer a esse meio. Às vezes, prefiro inventar outra desculpa, a ter de pedir emprestado: "Ah, hoje eu não estou a fim", "Estou com dor de cabeça", "Já tinha outro compromisso", e assim vai.

Ficar solteira e na caça a um príncipe é investimento e prejuízo dobrados. A gente gasta para arrumar o cabelo e fazer as unhas no salão, para ficar bonita e conseguir um peixe. A gente gasta para comprar aquele vestido, que namorou a semana inteira e que vai combinar perfeitamente com a balada. A gente gasta para abastecer o carro, para pagar o estacionamento, para pagar a entrada da balada, para pagar as bebidas, os aperitivos... E, em alguns casos, até o motel do fim de noite. Não há conta bancária que aguente.

– Definitivamente, vou dar um tempo nas baladas. Olha só esse rombo na minha conta e no cartão de crédito?! – eu choramingava, ao abrir meu extrato bancário e a fatura do cartão. – Como eu pude gastar tanto assim?

– Realmente, acho que a gente tem saído demais. Eu também vou ter de dar uma maneirada, ainda mais agora, que estou querendo ir para Europa nas férias – planejava Betina.

– E eu? Vou sair sozinha? Ah, não. Eu protesto.

– Protesta o quê, Lili? Você vai pagar nossas contas, por acaso? – gritava Betina, inconformada.

– Ai, que saudades do Pierre... Que tempo bom que não volta nunca mais.

– Pelo menos, você tem um tempo bom para se lembrar. Pior sou eu, que só pego pé rapado e sempre divido a conta. Se bem que eu me nego a ser bancada – dizia Betina.

– Por isso fica aí choramingando que não tem dinheiro para viajar para Europa. Acho que vou ligar pro Pierre...

– Falando nisso, o Otávio foi lá em casa ontem... Me pedir uma grana emprestada...

– Até quando você vai ficar bancando aquele pé rapado, Lili? Você, uma donzela, rica de berço... Em vez de arrumar um herdeiro, vai ficar bancando assalariado?!

Esse tipo de discussão, relacionando amor e dinheiro, quase sempre era longa. Mesmo sendo amigas, nossa situação financeira é bem diferente. A Lili não tem noção do que é dinheiro. Ela nunca precisou correr atrás dele, ela o tem! A Betina é dona do próprio negócio, ótima administradora, mas às vezes passa por uma maré brava. E eu, assalariada, dependo do meu mísero salário no fim do mês, que nunca dá para pagar todas as contas que despencam na minha cabeça. Por isso, essa minha insistência em não ficar sozinha e ter alguém RICO, RICO, *tá* me ouvindo Deus?

– Que tal um filminho e uma pipoquinha hoje, meninas? – dizia Betina, com uma voz angelical nada típica.

– Eu acho ótimo! – concordei prontamente, sem ter de assumir que não tinha dinheiro para mais uma balada.

– Ah, *tá* bom – incrivelmente, até Lili concordou com o programinha caseiro.

Quando isso acontecia, uma coisa era certa. Estávamos duras. Ninguém admitia, mas todas nós sabíamos que estávamos na lama. E era bem legal, porque a curtíamos juntas, nos divertíamos da mesma forma.

Essa é mais uma vantagem. Ter amigas que também ficam na pindaíba, como você, e até nisso são unidas.

– Nossa, eu ia adorar uma pizza e uma cervejinha agora, hein? – dizia Lili, com água na boca.

– Ai, meninas, a pipoca *tá* uma delícia... – disfarçava Betina.

– Eu também acho – concordava.

– Já sei... Estamos lisas? – questionava Lili.

Imediatamente, nos olhávamos e ríamos, admitindo nossa dureza. Daí, a gente juntava nossas moedinhas, víamos quem tinha mais limite no cartão e no banco, e com a grana da vaquinha, a gente comprava uns aperitivos para comer e ficar numa boa.

Mesmo curtindo esses momentos, admito que minha conta continua no vermelho, e, se você souber de alguém para me deixar no azul, pede para passar lá em casa... Antes que eu tenha de ligar para o Pierre.

Ou ela, ou eu

Nunca obrigue um homem comprometido a fazer essa escolha. Ainda mais se você estiver com ele, mas não for o dito compromisso. Apesar de saber disso, e de ter lido milhões de livros de autoajuda femininos, eu me esqueci de tudo naquele momento. Foi isso o que falei ao Alan naquela noite fria de quinta-feira no sofá do meu apartamento:

– Ou ela ou eu. Não aguento mais essa situação. Você tem de decidir.

Antes que eu diga o que ele me respondeu, vou explicar a vocês quem é o Alan.

Por mais que eu saiba o fim da história, insisto em algumas burrices, e uma delas é me envolver com homens comprometidos. É problema na certa, mas parece que eles exalam um cheiro mais gostoso, sabe?

O Alan trabalha comigo. Ele é do departamento financeiro. Eu nunca tinha achado a menor graça nele. Para mim, era apenas mais um homem comprometido da minha empresa. Compromisso que o brilho da sua aliança não deixava que eu me esquecesse.

Num desses *happy hours* lá da agência, depois de muito beber, comer frango a passarinho e falar mal do chefe, lembrei que estava tarde, e que meu carro estava na mecânica. Educadamente, aceitei uma carona do Alan. Não vi nenhum problema nisso, já que ele morava a duas quadras da minha casa.

– Nossa, a hora passou, e eu nem vi. Duas da manhã já. Sua namorada não reclama, não? – eu perguntava, enquanto ele me levava para casa.

– Ela não liga muito, não. Acho que já se acostumou.

– Aposto que ela já deve ter te ligado mil vezes...

– Ela não é de pegar muito no pé, não. Sou um bom homem – ele disse, com sorriso irônico e lançando um olhar 43 sobre mim.

Fiquei um pouco nervosa e preferi encerrar o assunto, mas ele insistiu:

– Você não acha que eu sou um bom moço?

– Ah, não sei. Eu mal te conheço, Alan – desbaratinei.

– Não conhece porque não quer – mais uma vez, ele me olhou ao estilo 43.

Por sorte ou azar, o carro parou na frente do prédio:

– Obrigada pela carona.

– Vai descer assim? Não mereço nada pelo sacrifício?

– Alan, vai para casa que teu problema é cachaça. Sua mulher deve estar te esperando... Para de bobagem!

– Quem disse que é bobagem? Eu não sou homem de brincadeira.

Ele me puxou pelo braço e me roubou um beijo. A minha primeira vontade foi ter virado um tapa na cara dele, mas logo mudei de ideia, ao sentir melhor o sabor daquele beijo e provar da pegada que ele tinha. Quem diria hein, Alan?

– Você não aprende não, Diana? Outro cara comprometido? – preciso dizer que a Betina estava me recriminando?

– Bê, foi ele quem me beijou. Eu ia fazer o quê?

– Eu só espero que você pare por aí, porque a senhorita bem sabe o fim da história, não é verdade?

– Pois é. Vamos sair hoje.

– O quê?! – berrou Betina, indignada com a minha aceitação.

Depois daquele beijo, não conseguia mais olhar para o Alan na empresa. E quando eu olhava, era um olhar diferente. Parecia que, da noite para o dia, ele tinha ficado mais interessante.

Eu tentava evitá-lo ao máximo, para que ninguém percebesse, mas ele me procurava insistentemente, me mandava milhões de *e-mails*, pedindo para sair comigo, pedindo meu telefone, ficava me paquerando na hora do almoço... Gente, eu sou de carne e osso. Uma hora eu ia ter de ceder. E cedi.

E lá eu estava, bebendo uma cerveja num bar qualquer com o Alan, o homem com compromisso. Mas era apenas uma saída de amigos ou, pelo menos, era o que precisava ter sido.

– Eu não sei o que eu estou fazendo aqui com você, Alan! – disse, tentando dar uma de durona. – Quero deixar bem claro que eu só saí com você porque... Porque...

– Porque você está tão a fim de mim quanto eu de você – dizia o Alan, se gabando do seu poder sedutor. – Para de bancar a durona, Diana. Vamos curtir o momento.

– Não é questão de ser durona. E o que eu faço com essa aliança no seu dedo? Você namora!

Descobri que ele não só namorava há quatro anos, como também tinha planos de se casar. Eu não podia amarrar o meu burro ali, mas, infelizmente, amarrei.

Aquela foi apenas a primeira de muitas outras saídas. De um rolo casual, eu me transformei, literalmente, na outra. Ele passava mais tempo no meu apartamento que na casa da namorada. Isso fez até com que eu pensasse que ela era a amante, e eu, a namorada. Porém, sempre caía na real, quando falávamos sobre nossa relação:

– Você vai me enrolar até quando hein, Alan? – perguntava, enquanto acariciava seus sedosos cabelos, deitado no meu colo.

– Como assim enrolar? Eu não estou aqui, todinho para você, minha flor? – disse, me roubando um beijo que sempre me derretia.

– Você sempre diz isso, Alan. Eu falo sério. Estou cansada de ouvir suas promessas de que vai largar sua namorada, de que o relacionamento não está legal... Você nunca cumpre...

– Eu não te prometi que vou terminar? Confia em mim, gata.

O pior é que eu sempre confiava, e, assim, ele ia me enrolando. Já estávamos em quase seis meses de enrolação. E a cada dia eu estava mais e mais apaixonada por ele. O que me crucificava era o fato de ele não ser só meu. Era pensar que ele beijava a boca dela, que ele dizia que a amava, que ele estava com ela, quando não estava comigo...

– Aposto que o Alan está na casa daquela piranha – eu dizia, andando de um lado para o outro da minha sala, aguardando ansiosa uma ligação dele. – Ele disse que ia aparecer!

– Diana, calma. Você está careca de saber como é. Se você se sujeitou a ser a outra, então aguenta... – falava Betina, tentando me trazer à realidade.

– Ai, Bê, estou cansada de tudo isso. Estou cansada das promessas do Alan. Já faz seis meses que estamos juntos e, até agora, ele só fala, e nunca termina com ela.

– Diana, para de ser adolescente. Parece até que você não sabe que um homem dificilmente vai trocar um relacionamento de anos por uma aventura de seis meses.

– Mas ele prometeu, Bê!

– E você vai acreditar?

Eu não tinha a resposta para aquela pergunta. Eu não acreditava nas promessas do Alan, mas eu me enganava, fingindo acreditar, só para não perdê-lo. Isso me condenava. O tormento era tanto que eu acabei resolvendo dar um xeque-mate.

Numa quinta-feira, quando o Alan foi para a minha casa depois do trabalho...

– O que houve, gata... Está tão fria... Vem aqui para um chamego.

– Hoje não tem chamego, Alan. Hoje tem DR. Ou ela, ou eu. Não aguento mais essa situação. Você tem de decidir.

– Como assim? – perguntou, com cara de assustado.

– Como assim, digo eu. Faz seis meses que estamos juntos, e é sempre a mesma história. Vai terminar, terminar e nada. Vai me enrolar até quando? Chega! Ou ela, ou eu.

– Diana, eu não posso tomar uma decisão assim. Eu já te disse que eu vou acabar.

– Disse e não fez. Então, por favor, até você se decidir, não me procure mais.

E foi assim que o Alan saiu pela porta, e saiu da minha vida. Eu confesso que tinha esperanças de que ele retornasse, de que ele terminasse o relacionamento com a namorada, mas não foi o que aconteceu. Ele não era homem o suficiente para arriscar. Sofri muito, mas resolvi seguir em frente.

Depois do fim, nossa relação ficou um pouco abalada. Quase não nos olhávamos no trabalho. Acho que a gente se evitava, não por ódio, mas por medo de a chama acender novamente.

Até que um dia cheguei na agência, e o pessoal estava fazendo uma comemoração:

– Nossa, o que houve? Ganhamos um novo cliente? – perguntei, sem saber de nada.

– Não, Di. O Alan vai ser papai! – dizia a secretária.

Fiquei tonta, engoli o choro e tentei disfarçar o máximo que pude. Estendi minhas mãos para as dele e dei os parabéns. Ali encerrava a nossa história. Se eu tinha alguma esperança de que ele mudasse de ideia, e optasse por mim, ela tinha morrido ali mesmo.

– Desculpe não ter te falado nada... Sei que é chato você saber assim, de repente – dizia Alan, cabisbaixo, no fumódromo da agência.

– Você não tem de se desculpar. Você fez uma escolha.

– Foi você quem escolheu Diana. Eu não queria terminar com você.

– E também não queria terminar com ela. Assuma que você nunca teria coragem de jogar tudo pro alto e ficar comigo, né? É muito mais fácil ir levando no banho-maria.

– Eu estava confuso.

– Todo homem, quando não sabe o que quer falar, diz que está confuso. Mas eu estava bem decidida. Se você não me quer, tem quem queira. Seja feliz com sua namorada, e com seu filho, OK?

– Diana, Diana... Volta aqui!

Dei as costas para não ter de ouvir o mesmo repertório, e para não cair na mesma ladainha. Eu ainda estava envolvida com ele, mas já não dava para fazê-lo optar. Aquela gravidez era a opção maior. Prometi a mim mesma que não mais me envolveria com homens comprometidos, ou, pelo menos, não ousaria mais perguntar: "Ou ela, ou eu".

Toda mulher tem um carma

É incrível. É duro de acreditar, mas todas nós temos um carma. Já reparou que quanto mais a gente foge de um perfil de homem, mais a gente os atrai?

– Gente, não sei mais o que eu faço. Quando achei que tinha me livrado do canalha do Luís Otávio, arrumo outro? – desabafava Lili, sobre a mais nova canalhice que o William, seu novo rolinho, tinha aprontado.

– Vai me dizer que o William é um canalha também?

– De marca maior, Diana. Não sei mais o que faço. Já fiz reza, despacho, banho de ervas, mas só arrumo essas coisas!

– Ih, gente, então a maré *tá* brava, porque eu conheci outro pirralho? – confessava Betina.

– E eu achando que o negócio era só comigo! Porque o Beto, além de não querer compromisso sério, também tem um filho – eu desabafava.

Parecia piada, mas cada uma de nós tinha um carma. Sabíamos o fim da história, acreditávamos que dessa vez seria diferente e nos envolvíamos.

A Lili sempre foi isca para homem canalha. Romântica por natureza, sempre cai na primeira cantada. Beija, transa, casa e separa tudo na mesma noite e, depois, sai de coração partido. Depois de muitos anos de paixão avassaladora e muito, mas muito sofrimento pelo Luís Otávio, ela finalmente conheceu um cara novo. O William. Jogador de vôlei, bonitão, rico, educado... O homem perfeito, mas também canalha.

A Betina, apesar de todo seu jeito de durona, gostava de ficar com caras mais novos. Não sei se eles é que gostavam da fruta madura, ou se ela é que sentia prazer em mandar neles, ou se queria se sentir mais jovem. Um pirralho cheirando a leite, com uma mulher madura como ela é claro que não vai dar em final feliz. E mais uma vez, ela estava se metendo no jardim de infância.

Eu, como vocês estão carecas de saber, busco homens que queiram compromisso sério. Pensem em namorar, casar e ter filhos. Mas só arrumo homens que já têm compromisso (e eu sou a outra), ou que não querem nada da vida, fogem de compromisso sério, e ainda possuem o *kit* completo – um filhinho de brinde.

Achei que com o Beto seria diferente, mas não foi. Começamos a sair de vez em quando, e aos poucos parecia que ia ficando sério. As saídas casuais, uma vez por mês, passaram a ser quinzenais, semanais e, enfim, quase diárias. Sempre que podia, o Beto estava comigo.

Na minha cabeça, aquele era o começo de um relacionamento sério. Faltava muito pouco para começar.

– E aí, já assumiram o namoro, Betão? – perguntava Hugo, um amigo do Beto, num churrasco que fizemos na casa dele.

– Namoro? Que namoro, Hugo, a gente está apenas se conhecendo.

Como é que alguém está com uma mulher há quatro meses, a vê todos os dias, fala com ela todos os dias, e está apenas a conhecendo? Aquela pergunta não quis calar durante todo o churrasco. A resposta dele engasgou na minha garganta.

– Você é a nova namorada do Beto? – perguntava a esposa do Hugo, enquanto lavávamos a louça do churrasco.

– Ah, sei lá o que eu sou.

– Ih, já vi que está triste. Quer um conselho, amiga? Se você está pensando em coisa séria com ele, foge. O Beto tem horror a essa palavra. Compromisso. Eu acho que está mais do que na hora de ele amarrar o burro, mas...

Apesar de ter gostado do conselho sincero da mulher do Hugo, confesso que fiquei ainda mais nervosa. E, no caminho para casa, a boca grande não conseguiu ficar calada.

– Quer dizer que ainda estamos nos conhecendo?

– Do que você está falando, Diana?

– Da resposta que você deu a seu amigo, quando ele perguntou se a gente estava namorando.

– E não é verdade?

– Eu já não sei o que é verdade, Beto.

– Vi que você ficou grilada. O que aconteceu?

– Aconteceu que me sinto como um casinho qualquer seu. Não sei se você é meu amigo, meu namorado...

– Gata, para que grilar com algo que está tão bom? Namoro, rolo, caso... O nome não importa... O que interessa é que a gente se gosta, e que está bom do jeito que está.

Ali ficava mais uma vez provado que, se eu quisesse algo sério, era melhor amarrar meu burro em outra freguesia. Dali, não ia sair nada. O Beto era avesso a compromisso. A mulher do Hugo estava certa.

– E o Beto, Diana?

– Não o vejo há duas semanas, Betina.

– O que aconteceu?

– O que não aconteceu. Ele é mais um que não quer nada da vida, não quer saber de nada sério.

– Estamos bem, hein, amiga? Já mandei o bebezinho passear também. Imaturo demais.

– Ai, amiga, por que a gente sempre cai nas mesmas ciladas, hein? Chega.

– É o que eu digo, Diana, toda mulher tem um carma.

– O meu bem que podia ser alto, louro, rico, bonito e que quisesse casamento.

– Quem sabe na próxima vida?

Tente outra vez

– E aí, meninas, já sabem o que vão fazer no *Réveillon*? – perguntava Lili, em mais um de nossos encontros de sexta-feira.

– *Réveillon*? Mas a gente mal saiu da Páscoa? – eu perguntava.

– Acorda Diana! Em menos de um mês, o ano acaba – dizia Betina, trazendo-me à realidade.

Meu Deus, por qual planeta eu andei que não vi o tempo passar? Acho que minha amiga estava certa. Eu só poderia ter dormido todos esses meses ou fui abduzida por seres de outro planeta, de forma que nem percebi a corrida do tempo. Mas, pior do que admitir que mais um ano estava prestes a acabar, era ter de admitir que eu não tinha cumprido nem metade dos meus planos e das minhas promessas. E meus pedidos, então? Mal tinham se realizado.

– Acho que não vou ter como fugir... Minha mãe está insistindo para que eu passe esse *Réveillon* em um cruzeiro com a família... – comentava Lili.

– Gente chique é outra coisa, né, meu bem?

– Chique nada, Betina. Eu bem que preferia ir para Praia Grande a ter de aguentar minha família, mas prometi a mim mesma que ia me esforçar para me aproximar deles este ano.

– Nem me fale de promessas, Lili. Eu prometi tantas coisas, pedi tantas coisas e, até agora, nada – eu divagava.

Realmente, aquela conversa com as meninas lá no bar me deixou bem preocupada. Como assim o ano estava acabando e eu continuava me sentindo com a vida paralisada?

Lembro-me como se fosse ontem. Acho que, sem perceber, fiz uma regressão mental e me vi toda de branco, pulando as sete ondinhas naquela praia e pedindo a Iemanjá que me trouxesse um príncipe. Um bom homem. E cadê ele? Tudo que consegui esse ano foi levar um pé na bunda do Pierre, sofrer por ele, tentar me reconciliar e ficar chupando o dedo a cada sumiço dele da minha vida. E, nos poucos relacionamentos que tive, nenhum dos homens prestava e todos sumiram da minha vida. Poxa, Iemanjá, será que eu não pulei as ondas direito? Eu me lembro que contei as sete ondas!

E, por falar em lembranças, lembro-me também de ter comido a tal da sopa de lentilha, não ter comido aves e de ter chupado as uvas. Tudo para atrair dinheiro, prosperidade e fazer que minha vida seguisse em frente. Porém, ao olhar aquelas contas atrasadas penduradas na minha geladeira e, ao checar minha conta bancária, e chegar à conclusão de que o salário era incompatível com as dívidas, vi que o dinheiro e a prosperidade devem ter ido bater em outra vizinhança. Ou erraram o endereço. Vou reclamar com o Procon! O meu salário continuava igual. Além do mais, nem mesmo aquela promoção com que eu tanto sonhei tinha chegado. Eu tinha passado mais um ano trabalhando como burro de carga e vendo pessoas incompetentes sendo promovidas, e eu? Na mesma pindaíba.

Antes que eu cortasse meus pulsos, resolvi pular a parte dos pedidos e relembrar as promessas. Não contem para ninguém, mas, certa vez, alguém me contou que a gente deve anotar tudo o que quer e se promete em um caderno, e só olhá-lo no final do ano para ver o que se cumpriu. E eu fiz isso. Sem contar a ninguém, claro! É uma revelação inédita. Ao folhear o tal caderno, vi que prometi que eu iria emagrecer, mas as roupas do meu armário só gritavam o quanto eu estava gorda. Ao invés de perder os cinco quilos prometidos, engordei mais cinco. A academia, então, que também fazia parte das promessas, não saiu dos planos!

Toda aquela regressão mental estava me deixando paranoica. Só uma pessoa poderia me salvar. Corri para a Santa Jane, minha terapeuta. Só ela poderia me entender. Fazia um tempo que eu não ia à terapia, mas era caso de vida ou morte.

– Diana, que bom te ver! Já adianto que desejo a você um ótimo ano novo.

– Se eu conseguir sair desse, Jane... Estou a ponto de cortar meus pulsos – disse, esparramando-me no divã e com lágrimas nos olhos.

– Mas o que houve? – perguntou ela, ajeitando os óculos e preparando o caderninho de anotações.

– O que não houve, né? O ano está terminando e nada na minha vida mudou. Nenhum pedido realizado, nenhuma promessa cumprida... Eu me sinto uma inútil... – desatei a chorar e a contar para ela todas as minhas promessas e pedidos; falei também sobre o quanto eu me sentia frustrada.

– Diana, para de colocar toda a culpa em você. Cada coisa no seu lugar e na sua hora. Force um pouco o pensamento. Nem tudo é uma tragédia ou um drama... Será que não teve nenhuma comédia nesse seu ano? Pense e aposto que achará motivos para sorrir – Jane finalizava sorridente a nossa sessão.

Saí de lá decidida a pular da ponte. Fui só escolhendo qual seria. Contudo, fui salva pelo congestionamento corriqueiro de fim de ano. E, enquanto fiquei parada no trânsito, algo chamou minha atenção. Ao trocar de rádio, um radialista de uma estação qualquer lia uma mensagem que terminava mais ou menos assim: "Não chore. Arrume motivos para sorrir. E talvez mesmo a falta de motivos já seja um bom motivo para gargalhar."

Aquela declaração do radialista me fez pensar. E eu sorriria pelo quê? Alguns minutos pensando, concluí que meu ano não foi essa tragédia grega toda. E comecei a agradecer. Agradeci por ter vivido um ano cercada por pessoas que me amam, como Betina e Lili, cada vez mais companheiras. E por ter uma família à qual recorrer nos meus momentos de desespero. Agradeci até pelas broncas e frases enigmáticas da minha mãe, que sempre me fazem pensar. Agradeci por ter tido a oportunidade de me apaixonar e, independentemente de ter dado certo ou não, fui feliz por isso. E agradeci por ter ocorrido a oportunidade de me conhecer melhor. E, com isso, pude traçar os meus objetivos. Passei agradecendo as duas horas em que estive presa no congestionamento.

Depois de tanto agradecimento, quando cheguei em casa e me deparei com a folhinha do calendário, que apontava que o final do ano chegava, apenas sorri. E também agradeci por ter mais uma oportunidade de, novamente, pular as sete ondinhas, comer as lentilhas, as uvas, pedir um namorado, dinheiro, uma promoção no trabalho, emagrecer e assim sucessivamente. Inspiro-me no que já disseram dois sábios: "Tudo vale a pena se a alma não é pequena" e "Por que não tentar outra vez?".

Sendo assim, tentemos outra vez.